KB002019

패스트트랙아시아 박지웅의
이기는 게임을 하라

패스트트랙아시아 박지웅의
이기는 게임을 하라

1판 1쇄 발행 2021. 10. 29.
1판 2쇄 발행 2023. 7. 20.

지은이 박지웅
인터뷰 신기주

발행인 고세규
편집 심성미 디자인 정윤수 마케팅 백미숙 홍보 이한솔
발행처 김영사

등록 1979년 5월 17일 (제406-2003-036호)
주소 경기도 파주시 문발로 197(문발동) 우편번호 10881
전화 마케팅부 031)955-3100, 편집부 031)955-3200 팩스 031)955-3111

값은 뒤표지에 있습니다.
ISBN 978-89-349-8002-5 04320
       978-89-349-8001-8 (세트)

홈페이지 www.gimmyoung.com   블로그 blog.naver.com/gybook
인스타그램 instagram.com/gimmyoung   이메일 bestbook@gimmyoung.com

좋은 독자가 좋은 책을 만듭니다.
김영사는 독자 여러분의 의견에 항상 귀 기울이고 있습니다.

YOUNG & RICH

패스트트랙아시아 박지웅의

이기는 게임을 하라

ISSUE
01

박지웅
지음

영앤리치
새로운 부를 꿈꾸는 사람들

김영사

차례

주관식을 객관식으로 만든다. 이것이 박지웅 방식이다. 박지웅은 인생과 사업의 기로에 설 때마다 주어진 문제를 주관식에서 객관식으로 바꿨다.

어차피 인생과 사업에는 정답이 없다. 지나봐야 알 수 있다. 박지웅은 정답이 없는 답안지에 무수한 정답 후보들을 써넣었다. 그렇게 여러 선택 가운데 최악을 걸러내고 최선을 선택하는 문제로 재정의했다. 대학 입시에서도 그랬다. 진로 선택에서도 그랬다. 투자 결정에서도 그랬다. 창업 도전에서도 그랬다. 박지웅은 인생과 사업을 좌우할 만한 결정들을 주관식에서 객관식으로 만들었고 그중 하나를 선택했다. 그런 선택들이 모여서 지금의 박지웅을 만들었다.

박지웅은 인생의 객관식 선택지들을 나열하는 과정

을 나만의 인생 지도를 그리는 방식이라고 설명한다. 자신이 지금 어디에 위치해 있고 자신에게 어떠한 선택지가 있으며 각각의 선택지에 대한 장단점을 비교 분석하는 과정에서 나와 나를 둘러싼 주변의 지도가 완성된다는 얘기다. 주관식을 객관식으로 만드는 과정은 결국 자기 자신을 냉철하게 객관화시키는 과정인 것이다. 박지웅은 그렇게 남보다 일찍 성공한 벤처투자자가 될 수 있었다. 성공한 창업자가 될 수 있었다. 끊임없이 자신의 좌표와 자신에게 주어진 선택지를 직시한 덕분이다.

박지웅한테도 형편없는 선택지뿐이던 시기가 있었다. 박지웅도 언더독이었다. 최악의 상황에서도 최선의 객관식을 도출했다. 답이 없어도 답을 냈다. 주어진 답을 더 나은 답으로 만들기 위해 애썼다. 원하는 경로에서 이탈하거나 기대했던 사업이 실패했을 때도 박지웅은 똑같았다. 포기하지 않고 대안을 찾았다. 그 대안의 대안도 준비했다.

지금의 박지웅이 성공한 것처럼 보인다면 그건 박지웅이 지금도 인생과 사업에서 무수한 대비책을 세워놓고 있기 때문이다. 고려할 수 있는 모든 변수에 편집광처럼 대비해놓은 사업가는 성공하지 않을 도리가 없다.

경영자로서 박지웅이 시장을 분석하고 창업을 선택하는 방식도 마찬가지다. 큰 그림을 그리고 잠재적 수요를 예측한 다음 가능한 선택지들을 헤아린다. 어떤 사업이 하고 싶어서가 아니라 어떤 사업에 대한 필요가 읽히기 때문에 투자하거나 창업한다. 주관적 공급보다 객관적 수요를 더 중요하게 여긴다. 이것이야말로 박지웅이 투자심사역으로서 컴퍼니빌더로서 창업자로서 성공적일 수 있었던 비결이다. 박지웅은 시장의 객관적 시각으로 창업과 투자를 바라볼 줄 안다. 주관적 결정을 끊임없이 객관적 선택으로 바꿔왔기 때문에 가능한 일이다.

인터뷰어로서 관찰한 박지웅의 내적 원동력은 결핍

이다. 일찍 성공 경로에서 이탈해서 낙오했던 경험 그리고 성공 가도에서 오판했던 경험이 박지웅의 어떤 결핍을 만들어냈다.

박지웅은 데이원컴퍼니(전 패스트캠퍼스)와 패스트파이브, 그리고 패스트벤처스까지 존재감 있는 기업들을 세상에 내놓았지만 여전히 자신을 도전자라고 여긴다. 언뜻언뜻 스치는 내면의 비장미는 그가 단순히 돈을 벌기 위해서만 사업을 하지는 않는다고 믿게끔 해준다. 박지웅은 자신과 세상에 스스로의 존재 이유를 입증하기 위해 투자하고 창업하는 비즈니스맨이다. 그에게 일이 업무가 아니라 인생인 이유다.

"창업가들은 세상 모두가 안 될 거라고 말하는 일이 가능하다고 주장하는 사람이다." 박지웅의 말이다. 다름 아닌, 박지웅 자신을 일컫는 표현이다.

두 계절에 걸친 인터뷰를 마치며
신기주

ONE

균형보다 균열이 필요한 이유에 대하여:

경로를 이탈한 탐색자

첫 번째 이탈:
이길 수 있는 판을 찾아서

일찍 이탈해보는 건 좋은 경험이라고 생각해요. 시간이 지날수록 결심하기도 어려워지고, 실패했을 때 리스크가 높아집니다. 언젠간 반드시 수많은 선택지 가운데 뭔가를 골라야 합니다. 한 번도 스스로 선택해본 적이 없는데 만 가지 중에 무슨 기준으로 무엇을 선택하겠어요.

회사 만드는 회사라는 새로운 길을 발견하셨습니다. 길을 잃어야 길을 찾는다고 하잖아요. 이 길을 찾기까지, 길을 잃었던 적은 없나요?

대학 다닐 때 처음으로 방향 감각이 상실된 것 같다고 느꼈어요. 그전에는 그런 생각 자체가 없었고요. 과학고에 진학하고 싶어 하는 중학생이었고, 치대에 진학하고 싶어 하는 고등학생이었습니다. 시키는 대로 공부만 하는 정말 평범한 모범생이었죠.

치대에 가면 먹고사는 데 문제는 없겠지, 군대 안 가도 되지, 수련 기간도 일반 의대보다 짧지, 그래서 치대에 가고 싶었어요. 치대는 공부 제일 잘하는 사람들이 가는 곳이니까 나도 갈 수 있겠지, 과학고를 거치면 치대에 입학하기 좀 쉽겠지, 나는 무조건 저기 가겠다. 분명한 길이 있긴 했습니다.

남이 그려준 지도 속에서 살았던 거네요. 대학 때 그 경로를 벗어난 거고.

네, 치대 진학에 실패했어요. 과학고 진학에 실패했을 때만 해도 크게 경로를 벗어나진 않았는데 치대에 못 가고 공대에 입학하고 나서 많이 헤맸습니다.

제가 수능을 봤던 2001년에 수능 만점자가 수십 명 나왔어요. '물수능'이었던 거죠. 저는 수능 모의고사 등수만 놓고 보면 전교에서 늘 상위권에 있던, 소위 '재수 없는' 학생이었습니다. 수능이 변별력을 잃으면서 친구들과 점수 격차를 벌리지 못한 거예요. 이보다 더 노력할 수 없다, 이보다 더 잘할 수 없다는 각오로 모든 걸 쏟아부었는데 제 입장에서만 보면 대입에 실패한 거죠. 그 시험 한 판에 모든 게 물거품이 되어버렸어요.

그래서 제 리스트에 없었던 대학에 입학하게 됐어요. 물론 포항공대도 일류 대학이지만 서울 밖에 있는 대학에 입학할 거라고는 생각지도 않았거든요.

1학년 때 수업을 들으면서 너무 큰 충격을 받았어요. 천재들의 세상이더군요. 과학고 출신의 뛰어난 동기들을 보면서 열등감에 시달렸어요. 제가 고등학교 다닐 때 수학과 물리 교과서를 1쪽부터 끝까지 다 외웠어요. 그렇게 해도 내신 성적이 좋았고 수능 모의고사 점수도 높았으니까요. 그런데 대학에서는 수업 진도를 따라갈 수가 없었어요. 동기들은 교수님이 가르쳐주지도 않은 것까지 알고 있는데 저는 책을 봐도, 몇 번을 봐도 이해를 못 했으니까.

수능에서 한 번 졌는데 대학에서 또 지게 생겼네, 지는 건 못 견디겠으니까 고등학교 때처럼 공부만 해보자, 다짐했다가도, 내가 죽어라고 열심히 한다고 될 일인가, 설사 그들을 따라잡는다고 한들 뭐가 달라지나, 포기했다가.

그렇게 하루에도 몇 번씩 온탕과 냉탕을 왔다갔다
했어요. 졸업하고 나면 어떻게 먹고살지, 뭘 해야 할
까, 제가 아무것도 아닌 것 같아서, 너무, 정말 너무
화가 났어요.

그래서 늘 하던 대로 리스트를 뽑아왔습니다, 이번
에는 직업들을. 대학 입시를 준비할 때 일류 대학 리
스트를 뽑아놓고 저곳 중에 한 곳엔 반드시 간다, 그
렇게 각오를 다졌거든요.

그 리스트에 있는 대학 어느 곳에도 못 갔잖아요,
그런데 또 직업 리스트를 만들었어요.

리스트를 한껏 뽑아놓고 그중에 아니다 싶은 것을 지워나가는 방식이 제가 복잡한 문제를 푸는 방식이에요. 그러니까 주관식을 객관식으로 바꾸는 거죠. 성취욕은 기질인 것 같고, 그 성취욕을 가장 빠르게 효과적으로 충족시킬 수 있는 저만의 방법이 있었던 거예요.

그 리스트에 올라온 직업들, 어떤 기준으로 골랐
습니까?

일단 공학 쪽은 제외했습니다. 수학이나 물리 이론
을 차근차근 이해하고 문제를 풀어나가는 재능이
저한테 없다는 걸 대학 입학 한 학기 만에 뼈저리게
알아버렸으니까.

이른바 잘나가는 직업, 그러니까 돈 많이 벌 수 있고
사회에서 인정도 해주고 선망의 대상이 되는 직업
이면 뭐든 상관없었어요. 컨설턴트, 뱅커, 트레이더
등등 직업군을 서넛 뽑아봤어요.

지금 그런 업에 종사하고 있진 않잖아요. 내가 마흔쯤 되면 패스트트랙아시아의 대표가 되어 있겠구나, 그런 생각을 하지도 못했을 것이고. 그 리스트 소용없는 거 아니에요?

남이 그려준 지도를 가지고 남이 정해준 목적지까지 정해진 경로를 따라 정해진 시간 내 찾아가느냐, 아니면 내가 정한 목적지까지 내가 만든 지도로 정해진 경로도 없이 정해진 시간도 없이 찾아가느냐 하는 차이인 것 같습니다.

입시를 준비할 때의 대학 리스트는, 제가 뽑았지만 제가 뽑은 게 아니에요. 부모님 손에 이끌린 데다가 소위 일류 대학이 많지도 않았고 대학 가는 방법도 몇 개 없었습니다. 많은 사람이 여러 번 지나가서 매우 잘 닦인 길을 그냥 저도 지나가면 되는 거였어요. 공부만 잘하면 그 길을 순조롭게 통과하는 거죠. 대학까지의 길은 단순한 편이에요. 모두 같은 지도를 들고 있기 때문에 뒤처지거나 앞서거나 둘 중 하나 예요.

하지만 대학 가서 제가 만든 직업 리스트는 그보다는 조금 더 복잡했어요. 수많은 목적지 중에 어디로 갈지 골라야 했고, 제 손엔 동네 지도밖에 없었으니까 다른 지도를 구하든 만들든 해야 했고, 대로변으로 갈지 골목길로 갈지 경로도 너무 다양했고, 이 길이 막힐지 뚫릴지조차 알 수 없는 상태였으니까요.

제가 직업 리스트를 만든 건 이제부터 제가 목적지를 정한다는 뜻이에요. 지도를 직접 그려보면 목적지가 달라져도 당황하지 않아요. 또 그리면 되니까요. 하지만 남이 그린 지도에서는 목적지가 하나밖에 없어요. 경로를 이탈하면 그 순간 무너지는 거죠. 그런데 또 경로를 이탈해봐야 나만의 지도가 필요하다는 걸 깨닫게 돼요.

길이 그렇게 복잡한데 굳이 직접 발로 뛰면서 나만의 지도를 만들 필요가 있을까요? 경로를 이탈했으면 다시 돌아오면 되잖아요. 내비게이션 따라 운전할 때 유턴 지점 지나치면 내비게이션이 또 유턴하라고 지시해주는 것처럼, 한 번 이탈했다고 못 돌아올 것도 아니고.

다시 돌아가는 게 그렇게 쉬웠다면 모두가 좋은 대학에 갔겠죠.

제 생각에, 스물다섯 살 정도까지는 경로 못지않게 속도도 중요해요. 일단 이탈하면 다시 돌아가도 앞선 사람들을 따라잡기 어려워요. 열네 살에 중학교 입학해야 하고, 열일곱 살에 문과와 이과 중에 결정해야 하고, 열아홉 살에 수능을 봐야 하니까요.

스물다섯 이전까지는, 본인이 지나쳤던 경로가 사실

상 경로가 아닌 거죠. 본인이 뭘 알고 설계한 경로가 아니기 때문에 길이 하나밖에 없었고. 스물다섯 살 부터는 길이 만 가지 생겨나요. 한 가지 길을 통과하면서 경험하고 느꼈던 것만 가지고는 만 가지 경로 중에 선택 자체를 할 수가 없어요.

그렇긴 하죠. 졸업하고 취업하고 승진하고 결혼하고 아이 낳고 집 사고 하는 것들도 남이 정해준 경로이고, 경로를 이탈하면 엄청난 열패감을 느껴요. 그 나이대에 반드시 거쳐야 하는 통과의례인 것처럼.

저는 일찍 이탈해보는 건 좋은 경험이라고 생각해요. 시간이 지날수록 결심하기도 어려워지고 실패했을 때 리스크가 높아집니다. 언젠간 반드시 수많은 선택지 가운데 뭔가를 골라야 합니다. 이탈해본 경험 없이 선택할 수는 없어요. 한 번도 스스로 선택해본 적이 없는데 만 가지 중에 무슨 기준으로 무엇을 선택하겠어요.

그래서 이탈됐거나 이탈했다고 인생 끝장난 거 아니에요. 물론 저도 처음부터 담담했던 건 아니에요. 뒤늦게 깨달았어요. 내가 낙오자가 아니었어도 다른 길을 찾아보려고 했을까? 절대요. 내가 무너진 게 아니고 탐색하고 있다고 생각해야 해요. 늦게 이탈할수록 기회비용이 커집니다. 그리고 자의든 타의든 이탈해야 하는 순간은 누구에게나 반드시 찾아옵니다.

그리고, 가장 중요한 것은, 이탈의 순간에, 되돌아가든 다른 길을 탐색하든 에너지는 써야 해요.

대학 졸업할 무렵 본인의 진로를 결정하는 데 있어
서 학창 시절 공부에 투자했던 에너지의 절반의 절
반도 미치지 못하는 에너지만 쓰는 분들이 있어요.
내 미래가 이 선택 한 번으로 어떻게 바뀔지 모르는
데 정보를 더 많이 모아야 하는 거 아닐까요? 시간
과 노력만 투입하면 굉장히 많은 리스크를 줄일 수
있어요.

취업한 선배들이 아무리 특정 직업에 대해 말해줘
도 취업 준비생이 그 세계를 이해하는 데는 한계가
있어요. 듣기보다는 직접 경험해봐야 합니다. 취업
준비생과 직업인 사이 인식이 큰 직업으로는 컨설
턴트가 대표적이에요. 취업하기 전에는 컨설턴트가
그렇게 멋져 보일 수가 없는데 사회에 나와서 일을
하는 사람들한테 컨설턴트는 고용한 사람일 뿐이에

요. 실제로 컨설턴트는 하루 종일 PPT만 만들기도
해요.

그 차이가 굉장히 커서 제가 아무리 친절하게 설명
한들 취준생들은 그 직업을 제대로 알 수 없어요. 이
직업이 나에게 맞는지는 부딪혀봐야 알게 됩니다.

최소한 리스트라도 만들어야겠죠. 리스트를 작성하는 것이 주관식을 객관식으로 바꾸는 방법이라고 말씀하셨습니다.

대학생들이 저에게 자주 물어봐요, 졸업하고 뭐해야할지 모르겠어요, 어떡하죠? 저는 그 질문이, 냉정하게 말하면, 게으른 질문이라고 생각합니다. 세상 직업군은 인터넷 서핑만 해봐도 알 수 있어요. 그걸 리스트업하는 것, 즉 주관식을 객관식으로 바꾸었던 제 노력이라는 게 대단한 게 아닙니다.

종합대학의 어떤 과를 졸업한 사람들이 갖는 직업, 이렇게 좁혀봐도 몇십 개 직업이 나옵니다. 그중에 너무 하기 싫거나 절대 할 수 없는 것 빼면 또 몇 개가 남아요. 하다못해 언론에서 가끔 나오는, 평균 연봉이 가장 높은 직업이나 직종부터 접근해도 돼요.

제 리스트에 외국계 전략컨설턴트가 있었어요. 그 직업이 나한테 맞는지 안 맞는지 궁금하잖아요. 대학생이 가만히 앉아서 그 직업이 본인에게 맞는지 안 맞는지 모르겠다고 말하는 건 게으름의 극치입니다. 그곳에서 일이라도 해봐야죠.

컨설팅사에서 일을 해봐야겠다고 마음먹은 다음에 입사하고 싶은 회사 리스트를 만들었어요. 저 같은 공대생도 컨설팅이라는 걸 할 수 있는지 직접 확인해봐야 하니까 소규모 전략컨설팅사에서부터 인턴 생활을 해본 거예요.

그 업에 종사하는 사람들에게서도 정보를 구하고 싶었어요. 회사 홈페이지에 들어가서 임직원 프로필과 이메일 주소를 뒤졌습니다. 공대 다니는 박지웅입니다, 이쪽 업에 관심 있습니다, 회사 근처로 가면 밥 한 끼 사주실 수 있나요?

그런 이메일을 열 통 보내면 답장이 서너 통은 와요.

여의도로 가서 일면식도 없는 분들과 밥을 먹었어요. 저라도 그럴 것 같은데, 기특하게 보여서 밥 한 끼라도 사주고 싶으셨겠죠. 그때 사모펀드에서 일하시는 분, 자산운용사에서 일하시는 몇 분을 만났습니다.

저한테 하고 싶은 일 리스트가 있습니다, 객관식 선택지들 중에서 하나를 고르고 싶은데 도와주셨으면 해요, 이쪽 업계 사람들은 무슨 일을 하나요? 어떤 사람을 뽑나요? 이런 것을 물어봤습니다.

트레이더에 관한 정보는 예나 지금이나 인터넷에 엄청나게 많습니다. 저는 인턴 후기를 찾아봤어요. 읽어보니까, 이쪽 일은 나와 거리가 좀 먼 것 같다, 끈도 없어서 일하기 어려울 것 같다, 이런 생각이 강하게 들었어요. 당시에는 코딩이나 수학을 아주 잘하는 사람들이 트레이더가 됐어요. 트레이더가 되려면 해석학을 알아야 한다는 정보는 건졌습니다. 아무것도 모르는 상태에서 수학과에 개설되어 있는 해석학

수업을 신청했어요. 두 번 듣고 나서, 처음부터 끝까
지 완전히 이해불가다, 판단한 후에 직업 리스트에
서 트레이더란 직업을 지웠습니다.

그쯤 가면 선택지가 몇 개 안 남아요. 저는 그중 하
나를 골랐고 여기까지 왔어요. 진로를 고민하고 있
는 분들이 해볼 만한 과정이라고 저는 생각합니다.
회사명들만 리스트업하는 건 아무 생각이 없다는
거예요. 업종이나 직무 리스트만 만들어봐도 가닥
이 잡힙니다. 이 기준이 거창하거나 고상할 필요도
없어요. 연봉 높은 직업, 사회적으로 인정받는 직업,
이렇게 시작해도 상관없어요. 문제는 대다수가 이
과정조차 없이 막연한 질문만 던지고 있어요.

주관식을 객관식으로 만들어 범위를 좁힐 것, 선택
자들을 직간접적으로 체험해볼 것. 누구나 할 수 있
어요, 이런 접근.

길을 헤맨 보람이 있었습니다. 인턴 생활을 해보니까 어떠셨어요? 잘나가는 직업, 연봉 높은 직업이 맞던가요?

전략컨설팅사 세 곳에서 인턴을 했는데, 당연히 생각했던 것과 달랐죠. 아빠 친구 아들들이 먼저 들어와 있었습니다. 제가 겨우 잡은 기회를 그들은 너무 쉽게 얻었던 거죠. 너무 싫었다는 것 말고는 다른 표현이 생각나지 않아요. 그땐 다 싫었어요. 시험 한 번으로 인생이 결정되는 것도 싫고, 누구 '빽'으로 남들은 못 가는 자리에 갈 수 있는 것도 싫고. 고민 하나 끝냈더니 더 큰 고민이 시작된 거예요.

천재도 낙하산도 아닌 사람도 성공할 수 있는 더 공정한 규칙은 뭘까. 제가 이길 수 있는 판을 찾고 싶었습니다.

두 번째 이탈:
관중석보다 경기장

투자자는 사업 성장 과정에는 어떤 역할도 맡지 않고 투자금이 회수되기만을 기다리면 되는 것인가. 투자자는 어디까지나 조연에 불과하다. 투자 후에 뒷짐 지고 기다리는 것 말고 나도 창업이라는 걸 해보면 어떨까.

제가 한창 진로를 고민할 때여서 컨설턴트, 뱅커, 트레이더 따위 정보를 막 모아서 블로그에 엄청나게 스크랩하는 중이었습니다. VIP자산운용 최준철 대표님이 저한테 쪽지를 보내셨어요, 한번 만나보고 싶다고. 최준철 대표님은 예나 지금이나 대단한 투자자니까 저로서는 마다할 이유가 없었죠.

최준철 대표님이 네이버에서 검색만 하면 제 블로그가 계속 떴다고 해요. 운영자가 학생인 것 같은데 그것 말고는 아무 정보가 없네, 도대체 뭐하는 친구일까, 밥 먹으면서 얘기나 좀 해볼까 하고 저에게 연락을 하셨대요.

제가 군대 가기 전이었어요. 강남역 샤브샤브 집에

서 만났죠. 군대 다녀와서 뭘 할 거니 물으셔서, 제가 고민하고 있던 것들을 말씀드렸죠. 이런 거 하고 싶은데 바로 시작할 용기는 없으니 다른 데 가서 경험 좀 쌓고 나중에 이런 거 할 거예요, 라고.

최준철 대표님의 그다음 말씀이 정말 충격적이었어요. 아마 대표님은 기억 못 하실 거예요, 무슨 말씀을 하셨는지. 최준철 대표님이 당시 만나는 대부분의 예비 창업자들이 하는 말과 똑같은 말을 제가 하고 있다고 운을 뗐습니다.

어느 분야의 전문가가 되는 것과 처음부터 자신의 비즈니스를 하는 것은 그 시작부터가 다르다. 전문가가 된다는 것은 오토바이 운전을 잘하는 것과 같고 비즈니스를 하는 것은 두 발로 빨리 달리는 것과 같다. 운전과 달리기에는 공통점이 단 하나도 없다. 운전 잘한다고 달리기 잘하는 것은 아니고 달리기 잘한다고 운전 잘하는 것도 아니다.

그러니까 네가 하고 싶은 것을 정했으면 다른 데 거쳤다 갈 생각을 하지 말고 처음부터 달리거나 운전을 해야 한다.

저만의 블루오션을 찾기 위해서 무언가를 정말 열심히 하고 있었는데, 나 지금 뭐하고 있는 거지? 하는 생각에 정신이 번쩍 드는 거예요.

전략컨설팅사에서 인턴으로 일하면서 생각을 굳혔습니다. 이 판은 아닌 것 같다, 내가 이길 수 있는 판을 찾자. 하지만 그렇다고 해서 위험천만한 모험을 할 정도의 용기는 없었어요. 컨설턴트라고 하면 사회에서 인정해주는 직업이긴 하니까.

그래서 투자 쪽으로 완전히 방향을 튼 건가요? 더이상 돌아서 가지는 않겠다.

그런 고민이 바로 해소될 리는 없잖아요. 최준철 대표님 만나고 나서 군대 갈 때까지, 군대에서도, 전역 후에도 계속 그 말이 맴돌았어요.

나는 운전을 잘하고 싶은 걸까, 달리기를 잘하고 싶은 걸까. 운전하는 사람들이 도로에 너무 많다고 해서 자동차를 안 탈 것도 아니고, 우사인 볼트가 아닌 이상 세계신기록을 낼 수 없다고 해서 육상선수가 갑자기 은퇴를 할 건 아니잖아요. 운전을 잘하고 싶으면 운전대를 일단 잡아봐야 하고, 달리기를 잘하고 싶으면 일단 운동화부터 신어야한다, 시작부터 바로 그 일을 해야 한다.

동일한 스타팅 라인에서 시작할 수 있는 분야라면

뭐든 상관없었어요. 투자 쪽을 더 파보자, 이렇게 시작된 것입니다. 시간당 대가를 받는 일이 아니고 하이 리스크 하이 리턴, 고수익을 얻으려면 고위험을 감수해야 하는 일이죠.

그런데 이것저것 알아보다 보니 투자자라면 창업자들과 친하게 지내야 한다는 거예요. 전역 후에는 벤처캐피털사 세 곳에서 인턴으로 일했습니다. 그렇게 점차 반경을 넓혀갔죠.

스톤브릿지에는 어떻게 입사하게 됐나요? 공대생이 벤처캐피털사에 입사를 했잖아요.

자기소개서를 쉰 곳에 보냈어요. 열 군데에서 인터뷰를 해보자고 하더군요. 그중 딱 한 군데에서만 연락이 와서 들어갔어요. 2008년 말이었습니다.

보통의 벤처캐피털(위험성은 크나 높은 기대수익이 예상되는 사업에 투자하는 자금, 혹은 그런 기업)에서는 본인이 발굴한 회사에 투자를 하기 위해 임원들을 설득해야 합니다. 스톤브릿지는 설립된 지 얼마 안 돼 임원은 많고 직원이 몇 없는 곳이었습니다. 스물여덟 살 신입에게, 너도 투자처를 알아봐라, 이런 분위기가 있었지만 기대하는 사람도 없었습니다. 나중에 듣기로는 막내가 한 명쯤 있으면 좋겠다, 허드렛일이나 시켜볼까 하고 저를 뽑았다고 합니다.

스톤브릿지에서 투자자로서 화려한 경력을 쌓으셨습니다. 작은 조직이 가진 장점을 누린 셈이죠? 첫 번째 이탈이 꽤 성공적이었던 것 같습니다.

결과적으로, 저한테는 좋은 환경이었죠. 책임이 많지만 그만큼 실전 투입 기회가 많은 것.

엔써즈, 티몬, 배달의민족, 블루홀(현 크래프톤)에 투자를 했죠. 지금은 인수합병했거나 매각됐거나 상장한 회사들입니다. 투자할 것인가 말 것인가 심사할 때 제가 팀장을 설득하고 팀장이 임원을 설득해야 했다면, 그리고 자잘한 서류 업무까지 제가 해야 했다면 그런 성과를 거둘 수 없었을 겁니다.

2009년부터 본격적으로 벤처를 찾고 투자를 시작했죠. 그해에 엔써즈와 블루홀에, 2010년 초에 티몬에 투자했습니다. 티몬이 1년 반 만에 인수합병되고,

엔써즈는 티몬에 매각되었어요. 다 2~3년 안에 일어난 일입니다.

상장이나 매각을 통해서 투자금을 회수하기까지는 시간이 오래 걸립니다. 그런데 저는 짧은 시간에 투자와 회수 사이클을 여러 번 겪었던 거죠.

두 가지였어요. 투자자로서 할 수 있는 것은 다 해봤다는 오만함, 그리고 제가 투자한 회사가 '대박' 나는 걸 옆에서 지켜만 봐야 하는 아쉬움 때문이었습니다.

스톤브릿지에서 일하던 초창기에는 왜 이 회사에 투자해야 하는지 오랫동안 설득해야 했습니다. 보고서도 60~70장씩 써가면서요. 그런데 엑시트(투자금 회수)에 연달아 성공해버리니까 제가 의견을 내면 아무도 반대를 안 했어요.

할 수 있는 것은 다 해본 것 같다, 매일이 이런 일의 반복인 걸까, 슬슬 지루해지기 시작했습니다. 이것이 첫 번째 이유였습니다. 될성부른 나무의 떡잎을 가려내는 게 쉽구나 했어요. 오만했던 거죠.

투자자로서 할 건 다 해봤다, 이건 오만함이라기보다 시장의 흐름을 찍어낼 수 있다는 자신감 아닐까요. 사실 훌륭한 벤처캐피털리스트가 되는 것도 쉬운 일은 아니잖아요. 마이클 모리츠 같은 대단한 벤처캐피털리스트가 있으니까 창업자들을 발굴할 수 있는 거고요.

오만했어요. 실제로 제가 창업하고 나서 더 확실해졌어요, 오만했다는 것이. 그리고 아쉬움도, 오만함 때문에 생긴 거잖아요. 나도 할 수 있는데 하고 오만했으니까 그걸 못해서 아쉬웠던 거예요. 한 가지 덧붙이자면, 결국은 부러움이겠죠.

제가 스톤브릿지에서 투자를 많이 하기는 했지만 가깝게 지내는 투자회사는 없었습니다. 어디까지나 공식적인 관계에 불과했습니다. 투자한다고 해서 결과가 팍팍 나오는 게 아니니까 친분을 쌓아두면 나중에 서로 불편해질 수 있잖아요. 제가 자주 찾아가면 투자받는 입장에서는 부담스럽기도 하겠고.

벤처캐피털에선 각자 움직입니다. 회사 발굴해서 투자 가치가 충분하다고 임원을 설득하고, 승인받으면 투자하고, 아니면 못하고. 영업사원처럼 혼자 다니는 거죠.

투자한 회사가 '대박' 나면 투자자로서 좋은 것 아닌가요?

제가 잘될 거라고 생각하고 찾던 모델이 실제로 등장했다는 게 중요합니다.

그루폰(세계 최초, 최대의 소셜커머스 기업. 반값 할인쿠폰 공동구매 웹사이트인 소셜커머스의 효시) 모델을 한국에서 해보면 어떨까, 잘될 것 같은데, 하고 그런 회사를 찾으러 돌아다녔는데 없었습니다. 직접 해보자 싶어서 개발팀을 꾸려서 맛집 자료를 확보했죠.

그루폰보다 더 좋은 서비스를 제공하려고 하다 보니 시간을 더 끌었습니다. 그런데 그해를 넘겨서 2010년에 티몬이 등장해버린 거예요. 어, 내가 생각하고 준비하던 모델인데.

티몬이 소개된 기사를 읽고 나서 바로 투자를 했죠. 대학 때 제가 만든 창업 동아리를 방문해서 강의도 해주셨던 노정석 대표님이 티몬에 엔젤투자(개인 자산을 창업 초기 단계 기업에 투자하는 것)를 하셨다고도 해서, 제가 잘못 본 건 아니라는 확신도 들었어요.

투자자로서 생각했지 창업할 생각은 못 했습니다. 그런데 티몬이 무섭게 성장하니까 문득 그런 생각이 들었어요. 나도 그 모델이 성공할 거라고 믿었는데, 투자자는 사업 성장 과정에는 어떤 역할도 맡지 않고 투자금이 회수되기만을 기다리면 되는 것인가.

투자자는 어디까지나 조연에 불과하다. 투자 후에 뒷짐 지고 기다리는 것 말고 나도 창업이라는 걸 해보면 어떨까.

투자자와 창업자의 차이를 발견하기 시작한 때였습니다. 창업의 어떤 지점에 마음이 움직였나요?

티몬에 가보니까 달랐어요. 그 팀만의 생기 같은 것이 있었어요. 직원들이 사무실 바닥에서 일하는 걸 봤어요. 책상 놓을 공간이 없어서 의자에 앉아서 일하려면 일찍 출근해야 한다는 거예요. 책상을 선착순으로 선점하는 겁니다. 그런 단편만 보아도 회사가 성장하고 있다는 느낌을 받았습니다.

그 느낌은 곧, 투자자가 하는 게 별로 없구나, 란 생각으로 이어졌어요. 투자자는 투자만 할 뿐이고, 직원 채용, 사업 결정은 창업팀에서 다 하는구나.

티몬이 인수합병된 후 공표하는 자리였습니다. 티몬 사무실이 송파 쪽에 있었는데 롯데호텔을 통째로 빌렸고, 지방에 있는 직원까지 다 올라왔어요.

그들이 유쾌하게 어울리는 모습을 보면서 깨달았습니다, 원초적인 가치는 창업팀이 만든다는 걸. 그러니까 그 결실에 대한 공유를 사원들과 하는 거겠죠. 투자자들은 창업팀과 다른 공간에 모여 있었습니다. 창업팀이 있는 그 자리로 가고 싶었어요. 나도 저기에 있었으면 좋았을 텐데, 그런 생각이 머릿속에서 떠나지 않았어요.

투자자는 처음에 자금만 대주는 사람이구나. 회사가 성장하면 그 자금은 이제 필요 없는 거구나. 아, 나도 저런 일을 하고 싶다, 성장하는 일을 하고 싶다, 성장에 기여하는 일을 하고 싶다, 성장을 축하하는 일원이고 싶다, 저 일이 정말 재밌을 것 같다.

그래서 두 번째 이탈이 시작되었습니다, 투자자에서 창업가로. 첫 번째 이탈과 다른 점이 있다면 자발적으로 이탈했다는 거죠. 이때도 리스트를 만드셨나요?

싫어하는 것을 지워나가는 방식으로, 네, 문제를 객관식으로 만들었어요.

하나를 찍어서 백 퍼센트 성공한다, 이런 자신감은 전혀 없었습니다. 그래서 '회사 만드는 회사'를 고집했어요. 하나의 아이템만 고집하는 회사였으면 창업 안 했을 거예요. 하지만 컴퍼니빌더 모델이라면 재밌게 할 수 있을 것 같았습니다. 제가 회사를 계속해서 만들 수 있으니까요.

저는 다양한 사업 영역과 사업 방식을 시도해볼 수 있는 그러한 모델, 구조에 끌렸습니다.

창업 경험이 전무하고 경력이라고는 벤처캐피털 리스트로 몇 년간 일한 게 다인데, 하나만 믿고 베팅했다가 망하면 나는 뭐가 되나. 망하는 게 몸서리칠 만큼 싫었어요. 그래서 애초에 특정한 영역과 방식에 올인하는 스타트업 창업은 제 시나리오에 아예 없었습니다.

세 번째 이탈:
조정자에서 독재자로

직접 총대를 메고 원하는 대로 해봐야 망하더라도 후회가 안 남을 것이다. 다수결로 의사결정하느라고 시간 끌지 말고 책임을 나누지 말자. 독재자처럼 내가 생각하는 바대로 회사를 운영해야겠다. 이런 결론에 이르렀어요.

'컴퍼니빌더'라는 단어는 저희가 회사 세우면서 만들었습니다. 서비스를 만드는 회사가 있는가 하면 상품을 만드는 회사가 있고, 또 어떤 회사는 콘텐츠를 만들어요. 컴퍼니빌더는 말 그대로 회사를 만듭니다.

티몬에 투자한 지 얼마 안 되어서 로켓인터넷코리아라는 데서 티몬 인수 제안을 했습니다. 그때 처음 그 회사의 존재를 알게 되었어요. 무자비하게 카피하고 엄청나게 유니크한, 유럽에 본사를 둔 회사더라고요. 그루폰을 카피한 회사를 만든 후에 그 회사를 그루폰에 1천억 원에 팔고, 그 다음엔 그루폰에 들어가 2년 동안 그루폰 카피캣을 다 사들였다는 거예요. 그러니 당연히 그루폰과 유사한 티몬에도 주

목했겠죠.

참 독특한 모델이구나, 사업 영역이나 사업 방식을 가리지 않고 회사를 계속해서 세우고 확장하는구나, 한국에서 내가 로켓인터넷 사업 모델을 시도해볼까.

그루폰 모델에 끌려서 비슷한 모델을 찾아다가 티몬을 발견해서 투자하고 티몬이 성장하자 로켓인터넷코리아라는 생전 처음 본 모델에 다시 끌렸던 거죠. 신현성 대표님과 노정석 대표님의 추천도 있고 해서 시작하게 됐습니다. 그때만 해도 한국에서 회사 만드는 회사를 자처하는 곳은 저희가 처음이었습니다.

2011년 신현성 대표님과 노정석 대표님과 식사하는 자리에서 컴퍼니빌더 모델의 회사를 만들고 싶다고 말씀드렸죠. 한 세 개만 만들어볼까요, 5억 정도 투자받으면 충분할까요, 상의했습니다. 제가 스톤브릿지에 있을 때였죠.

티몬 투자자 중에 인사이트벤처라는 회사가 있어요. 신현성 대표님, 노정석 대표님, 그리고 저까지 티몬의 창업자와 투자자가 의기투합하는 거니까 투자금을 받을 수 있지 않을까 그곳에 물어봤습니다. 흔쾌히 투자하겠다더군요. 스톤브릿지 김지훈 사장님도 재밌을 것 같다면서 투자를 결정하셨어요.

그렇게 여름에 마음먹고 겨울에 패스트트랙아시아를 창업했습니다. 여름에서 겨울까지는 잘 왔어요.

공격적으로 사업을 키울 수 있을 만큼의 투자금도 이미 받아두셨습니다. 어떤 회사를 만드셨나요?

어떤 회사를 만들 것인가, 노정석 대표님과 신현성 대표님과 상의한 끝에 아이템을 두 개 뽑았어요. 병원 예약 플랫폼 굿닥과 온라인 유아동 의료 쇼핑몰 퀸시.

창업자를 공개적으로 모집했습니다. 임진석 대표님은 다음커뮤니케이션에서 오래 일하셨고 펜션 예약 플랫폼을 만든 경험이 있었어요. 그래서 굿닥을 잘 꾸려나가실 수 있을 것 같았습니다. 최선준 대표님은 그루폰코리아 부사장이었습니다. 역시 퀸시를 잘 키워주실 것 같았어요.

제가 당시 스톤브릿지에서 운영하던 펀드들의 키맨이었어요. 제가 빠지면 스톤브릿지에 엄청난 패널티가 가해질 거였어요. 핵심 운용 인력이 이탈하면 관리 보수를 삭감당할 수도 있는 거예요.

그리고 그 펀드 메인 인력이 사실상 저밖에 없었고, 성과가 나고 있었습니다. 투자자들이 키맨인 저를 믿고 출자했는데 제가 중간에 빠지는 건 예의가 아니라고 저도 생각했습니다.

이런 상황에서 떠올린 묘안이라는 게 일주일 중 사흘은 스톤브릿지에서 일하고 이틀은 패스트트랙아시아에서 일하는 거였습니다. 스톤브릿지와 가까운 곳에 패스트트랙아시아 사무실을 열어서 오전 9시부터 오후 7시까지는 스톤브릿지에서 일을 하고 저녁식사 후에는 패스트트랙아시아로 넘어가서 일했어요, 매일.

서너 달 그런 패턴으로 지내는 동안 스톤브릿지에서는 제 후임자를 뽑았습니다. 저는 인수인계를 한 다음 패스트트랙아시아로 옮겼습니다. 그러고 나서도 펀드 투자 기간이 끝날 때까지 반년 가까이 스톤브릿지에 제 이름을 걸어놨어요. 일단 몸이 너무 힘들었는데, 다른 문제가 더 컸어요.

굿닥이나 퀸시나 두 달 안에 오픈해야 하는데 실제로는 오픈까지 넉 달이나 걸리고, 오픈했더니 퀼리티는 '개판'이고, 영업력도 없고, 트래픽도 안 오르는 상태에, 사람은 계속 뽑고, 돈은 돈대로 나가는 거예요. 임진석 대표님이나 최선준 대표님의 문제가 아니었어요. 철저하게 패스트트랙아시아의 문제였어요.

먼저, 사업 모델 선택 기준이 너무 단순했어요. 의료 서비스 시장에서 이런 요구도 있을 것이다, 그리고 특정 연령 타깃 쇼핑몰도 환영받을 것 같다는.

돈이 있으면 다 사고 싶은 게 사람 마음인가 봐요. 꽤 많은 투자금을 확보하고 시작했기 때문인지 저를 포함한 세 사람이 이것도 잘될 것 같고 저것도 잘될 것 같다고 생각했던 거예요.

끝까지 하겠다기보다 이거 하다가 안 되면 다른 거 하면 되지, 안일하게 시작했던 겁니다. 안 될 수도 있지, 하니까 진짜 안 되더라고요. 굿닥과 퀸시 둘 다 제가 목표로 했던 궤도로 올라가지 않았습니다.

창업에서는 끝까지 가본 사람이 왕이잖아요, 성공
이든 실패든. 창업 이력이 있는 노정석 대표님과
신현성 대표님이 조언을 많이 해주셨나요?

두 분은 미팅 때만 사무실에 나오시고 저도 겸직 상
태에서 두 회사를 세팅하고 런칭한 거잖아요. 회사가
산으로 가고 있었습니다. 우리가 로켓인터넷 모델을
제대로 구동하지 못하고 있다, 껍데기만 따라하고 있
다, 이대로는 안 된다. 위기감을 느꼈습니다.

회사를 만들고 나서는 일이 너무 더디게 진행되는
거예요. 어떤 안건을 논의할 때 두 분 의견이 달랐
습니다. 한 분은 낙관론자, 다른 한 분은 비관론자였
죠. 저는 두 분의 의견을 듣고 절충안을 만들곤 했습
니다. 그때는 그게 제 역할이라고 생각했어요.

회사명에 '패스트'를 넣어놓고서는 결정할 때는

'패스트'가 아니었습니다. 회사의 탑 셋 중에 두 사람은 파트타임으로 일하고 한 사람은 자기 의견도 안 내고 있는데 일이 잘되면 더 이상한 거죠.

제가 풀타임으로 패스트트랙아시아에서 일하기 시작한 것이 2012년 8월이었습니다. 두어 달 전부터 신현성 대표님과 노정석 대표님에게 말했어요. 죽도 밥도 아닌 것 같아요, 어떡할까요.

그 두 분과 저의 생각이 다를 때 뭔가 불안했습니다. 창업가로서 큰 성공을 한 대선배 앞에 창업 경험도 없는 제가 목소리를 내거나 높인다는 게 맞지 않다고 느꼈던 모양이에요.

두 분은 벤치로 좀 물러나주세요, 제가 해볼게요, 이런 말을 어떻게 꺼낼 수 있었겠어요. 계속해서 그냥, 우리 망할 것 같다, 정말 망할 것 같다, 이런 신호만 발신했던 거죠.

비관론자와 낙관론자 사이에서 물리적인 균형만
지키는 상태였군요. 신호를 알아들으시던가요?

노정석 대표님 대답이 이랬어요. 그렇게 걱정이 된
다면 네가 잘하던 투자 쪽으로 노선을 변경하자, 우
리는 투자만 하고 운영은 다른 대표들에게 맡기자,
그게 아니면 네가 '올리'가 되든가.

올리는 로켓인터넷을 창업한 삼형제 중 둘째입니다.
이 사람이 메인이에요. 로켓인터넷이 세팅한 자회사
가 백 개가 넘습니다. 올리라는 사람이 무엇으로 유
명하냐면, 그 백 개 자회사들 대표들과 매일 통화를
한다는 거예요. 아무리 적게 잡아도 하루에 백 통이
에요. 모든 지표를 확인하고 모든 것을 지시한대요,
그것도 매일.

노정석 대표님이 저에게 올리처럼 전천후로 관여하

든지, 아니면 투자만 하고 가만히 있든지 결정하라고 하시는 거예요. 저는 투자회사 만드는 데는 관심이 없었습니다. 투자가 지루해서 창업을 했는데 다시 투자를 하라니.

신현성 대표님이나 노정석 대표님은 각자 회사를 운영하고 있으니까 올리 역할을 할 사람은 저뿐이 었습니다. 그런 상황인데도 제가 뭔가를 결정하려면 두 대표님의 동의나 승인이 있어야 할 것 같았어요. 하지만 제가 바뀌지 않으면 예전으로 돌아가야 했 죠. 전화통화라면 올리보다 더 많이, 나는 200통을 해보자, 못할 건 없겠다 싶었습니다.

직접 총대를 메고 원하는 대로 해봐야 망하더라도 후회가 안 남을 것이다. 다수결로 의사결정하느라 고 시간 끌지 말고 책임을 나누지 말자. 독재자처 럼 내가 생각하는 바대로 회사를 운영해야겠다. 이런 결론에 이르렀어요.

더 이상 끌려다니지 않겠다고 결심하신 거군요.
패스트 패밀리의 성장은 박지웅이라는 인물이 창
업자로, 리더로 성장하는 것과 정확하게 등치한다
고 봐도 될까요?

네. 지금은 그때와 정반대이니까요.

패스트트랙아시아로 몸과 마음을 완전히 옮긴 후부터 본 게임이 시작됐군요.

어디까지가 준비 운동이고 어디부터가 본 게임인지는 기준을 어떻게 잡느냐에 달린 것 같습니다. 사업자 등록을 하면 준비가 끝난 것일까, 아이템을 정하고 공부하고 투자를 받기까지가 준비일까, 풀타임으로 일하기 시작한 날에 본 게임도 시작되는 걸까.

제게는 어떤 것을 깨닫기까지가 모두 준비 과정이었습니다. 이 사업은 온전히 내 책임이다, 내가 결정한 것에 대해서는 내가 책임져야 한다, 아무도 그 책임을 나누지 않는다는 것을 깨달았어요. 창업 준비 과정이 제법 험난하고 길었다고 생각해요.

본 게임은, 시작되지도 않았습니다.

그럼 그런 자각과 함께 어떤 일부터 하셨습니까? 진짜 창업자가 탄생하는 순간이었을 것 같은데.

가장 먼저 퀸시와 굿닥의 구조조정부터 했습니다. 인력이 이렇게까지 많이 필요한가 하는 생각을 그 전부터 해왔거든요. 생각만 하고 말하지 못했던 것을 이제 하기 시작한 거죠. 스무 명이 아니라 열 명으로도 충분하다.

이 앱을 개발하는 데 왜 넉 달이나 걸리는지 나는 모르겠다, 내가 보기엔 두 달이면 충분하다, 나에게 설명을 좀 해달라. 두 달 만에 개발할 수 있다고 결론이 났습니다. 당시에는 개발에 대한 이해가 전혀 없었기 때문에 그냥 밀어붙였던 거예요.

그렇게 투자자에서 창업자가 되었습니다. 초보에서 베테랑으로 성장하는 것은 또 다른 문제였지만.

TWO

불확실성을
확실성으로
바꾸는 방법에
대하여:

지도 밖으로 나간
창업가

슬로우트랙:
투자와 창업의 경계선에서

창업을 하고 나서는 겁이 더 많아졌어요. 한 가지를 해결하니까 다음 고민이 또 시작돼요. 이제 내가 생각한 대로 움직일 건데 사업을 정상 궤도에 올려놓기도 전에 투자금이 바닥나면 어떡하지? 망하면 어떡하지?

투자와 창업, 모든 게 다 다를 것 같습니다. 바라보는 관점, 결정하는 기준, 일하는 방식. 퀸시와 굿닥에 적극적으로 관여하기 시작할 때를 예로 든다면요?

당시 퀸시와 굿닥 구성원이 다 합해 40~50명이었어요. 두 개 층을 다 쓰고 있었습니다. 제가 초등학생처럼 하나하나 물어봤습니다. 덧붙이기를, 나는 하나도 모른다, 그 대신 잘 설명해주면 이해할 수 있다, 상세하게 알려주면 좋겠다.

사람들이 왜 이렇게 많나요? 하루종일 무슨 일을 하나요? 그 사람이 회사에 꼭 필요한가요? 무슨 도움을 주고 있나요? 얼마나 큰 도움을 주나요?

그전에는 수치만 봤어요. 이런 문답 과정을 통해 조직과 인력과 운영에 대해 알게 되었어요. 그러나 그것을 이해했다고 해서 역시 인력 과잉이 문제다, 라는 결론이 달라지진 않았습니다. 사람이 많으면 그들의 퍼포먼스를 끌어올릴 방법을 찾으면 되는데 그때는 그 방법을 모르겠으니까 인원을 감축하는 쪽으로 기울었던 겁니다. 이미 저질러놓은 일을 수습하는 것이 급선무였습니다.

창업을 하고 나서는 겁이 더 많아졌어요. 한 가지를 해결하니까 다음 고민이 또 시작돼요. 이제 내가 생각한 대로 움직일 건데 사업을 정상 궤도에 올려놓기도 전에 투자금이 바닥나면 어떡하지? 망하면 어떡하지?

회사 두 곳에서 CEO 역할을 하시는 거군요. 실행
은 했고 성과는 나왔습니까?

그런 고민을 하다 보니 창업자로서 해야 하는 일이
구체화되었습니다. 구조조정을 단행하고, 투자금 모
으고, 새로운 아이템을 찾는 것. 이 세 가지 일을 도
모하기 시작한 거죠.

그런데 결과적으로는 망했어요. 퀸시는 내리막길을
걸었고 굿닥은 간당간당 아슬아슬 조금 더 매출을
유지했지만, 구조조정은 실패했어요. 펀딩은 했지만
결국 그렇게 됐습니다.

그때 눈에 들어온 게 헬로네이처예요. 제가 스톤브릿지에 있을 때 학교 후배가 찾아와서 먹거리 배달 업체를 창업할 거라고 했어요. 저는 투자자 입장에서, 그거 망하겠네, 그랬어요. 그후로 헬로네이처가 1년 동안 버티고 있었는데 투자를 못 받는 상태였어요. 후배에게 말했습니다. 알아서 투자처를 찾든가, 아니면 패스트트랙아시아로 들어오라고. 그렇게 제가 인수했어요. 굿닥이나 퀸시, 제가 또 창업한 스트라입스와는 다른 케이스죠.

푸드플라이도 초창기에 인수했습니다. 퀵 배송이 승산 있는 비즈니스라고 판단하고 스톤브릿지에 있을 때 투자했던 회사입니다. 푸드플라이와 헬로네이처로는 매각을 통해 돈을 꽤 벌었어요.

스톤브릿지에서 투자했을 때 성공의 요인은 무엇이고 패스트트랙아시아에서 회사를 만들었을 때 성공의 요인은 무엇일까요? 투자자로서는 팡팡 터뜨렸는데 패스트트랙아시아 초기 창업자로서는 그렇지 못했잖아요.

투자자로 일할 땐 시장을 보고 투자할 곳을 선택했어요.

예를 들면, 블루홀. 저는 블루홀이 제시하는 비전, MMORPG 명가가 말이 된다고 생각했어요. 게임에 대해서는 전혀 몰랐지만 대형 MMORPG 만드는 곳엔 일단 다 투자하자고 마음먹고 블루홀에도 투자를 하게 된 거고요.

또 배달 시장에 엄청난 가능성이 있다고 믿었습니다. 일단 시장도 크고, 15분 만에 짜장면 배달하고 빈 그릇까지 수거하는 이런 나라는 없다, 한국이 벤치마킹 대상이 될 수 있다고 판단했습니다. 당시에 배민 모델과 푸드플라이 모델이 있었는데 둘 중 뭐가 잘될지 모르니까 둘 다에 투자했죠.

시장 자체를 찍는 것, 투자자로서 그것은 비교적 잘했던 것 같습니다.

2010년 앞뒤가 모바일로 전환될 때예요. 모바일게임, 배달, 커머스 모두 그 흐름을 탔고요. 메가트렌드를 정해놓고 그 안에서 아이템을 찾은 걸까요, 아니면 찾은 아이템들이 우연하게 메가트렌드에 부합한 걸까요?

블루홀, 배민, 티몬에 투자 결정을 할 때는 그런 트렌드를 고려하지 않았습니다. 모바일 시장은 제가 패스트트랙아시아로 옮긴 이후 개화했습니다. 저는 그때 오히려 오프라인에서 온라인으로의 전환을 더 중요하게 봤습니다.

당시 네이버의 시가총액이 10조 원이었습니다. 한국의 광고 시장도 10조. 그중에 2조를 네이버가 온라인과 모바일을 통해 가져왔어요. 그렇다면 다른 시장은 어떨까. 중고차 시장이 50조, 결혼 시장이 12조, 이렇게 10조가 넘는 시장이 널려 있었습니다.

앞으로 네이버 같은 회사들이 그곳을 잠식할 것이라고 예측했습니다.

즉, 시장의 크기를 보고, 그 시장이 디지털로 전환할 수 있느냐를 보고, 가능성이 높다면 투자하거나 창업할 수 있다고 보았습니다.

기준은 그때나 지금이나 같은데 왜 패스트트랙아시아를 세운 후 굿닥, 퀸시, 스트라입스는 성과를 못 내고 푸드플라이와 헬로네이처는 성과를 냈을까요?

굿닥, 퀸시, 스트라입스의 대표들에게 자율권을 주고 저는 큰 방향만 제시했습니다. 헬로네이처와 푸드플라이에는 제가 관여를 많이 했습니다.

그것도 그럴 것이, 헬로네이처와 푸드플라이 대표들은 제가 오랫동안 알고 지내온 학교 후배들이라서 제가 의견을 내는 것에 서로 큰 부담이 없었습니다. 사실상 제가 공동 대표 역할을 했던 거죠. 무언가를 결정할 때 그들과 끝까지 토론할 수 있었어요. 그 친구들과 함께 일했기 때문에 결과가 좋았다고 생각합니다.

헬로네이처와 푸드플라이를 매각한 결정에 대해서는 아쉬움이 있습니다. 헬로네이처가 마켓컬리가 되고 푸드플라이가 배민라이더스가 될 수도 있었거든요, 만약 우리가 이 사업에 풀베팅했다면.

데이원컴퍼니(전 패스트캠퍼스)와 패스트파이브를 창업한 상태였어요. 이 두 곳과 다른 두 곳을 한꺼번에 끌고 갈 수 있을까, 제대로 하려면 헬로네이처와 푸드플라이도 패스트캠퍼스와 패스트파이브처럼 꾸려나가야 한다는 생각이었어요.

제가 의지를 가지고 끝까지 하려면 손발을 맞춰줄 사람들 역시 끝까지 갑시다, 하는 의지가 있어야 했는데, 당시에는 헬로네이처와 푸드플라이 대표들이 5년 가까이 경영을 해오면서 좀 지친 것 같았습니다. 그렇다면 매각을 하자, 이렇게 결정했던 거예요.

매각 후에 한 분은 패스트벤처스 파트너로 다시 왔고 다른 한 분은 또 창업을 했습니다. 그곳에 저희가 투자를 했으니까 계속 함께 가고 있는 셈이죠.

굿닥, 퀸시, 스트라입스 방식이 아니라 헬로네이처와 푸드플라이 방식이 주효하다는 거군요?

네, 제가 잘할 수 있는 방식을 찾은 거죠.

아이템을 세팅해놓고 경영진을 데려와서 이분들과 처음부터 역할을 나누는 것보다는 제가 신뢰할 수 있을 만한 사람을 데려와서 진흙탕에 같이 뒹굴든지 해서 회사 가치를 올려놓고 그다음부터 역할을 나누는 게 낫겠다는 결론에 이르렀죠, 속도와 효율성 면에서.

한 아이템에 꽂히는 창업자도 있습니다, 나는 이것 꼭 해야 해. 위험하기도 하겠지만 한편으로는 절실하게 매달리기 때문에 어떤 위기에도 끝까지 버틸 수 있다는 장점은 없을까요? 투자자 입장에서는 어떻게 바라보시나요?

하나에 올인하는 창업자들은 저보다 배포가 큰 분들입니다. 이게 내 가업입니다, 하고 말씀하시는 분들은 투자자 입장에서 볼 때 위험한 분들입니다. 길을 바꿀 확률이 높은데 고집 부려서 안 바꾸시려고 하면 어떡하지?

자신의 아이템이 시장에서 먹힌다고 굳게 믿는 분들을 저는 믿지 않습니다. 그리고 제 경험상 그 아이템은 열에 아홉은 바뀝니다. 어떤 아이템도 어떤 방식도 끝까지 유지할 수 없어요.

그러면 창업의 목적은 뭘까요? 세상을 바꾸고 싶다, 세상에 흔적을 남기고 싶다는 것은 나중 문제이고 일차적으로는 무슨 아이템이건 무슨 방식으로든 팔아서 돈을 벌어야 하잖아요.

차라리 돈을 벌고 싶다고 솔직하게 말씀하시는 분을 더 믿습니다. 하나에 꽂히기보다 부자가 되겠다는 욕망에 충실하신 분이 포기하지 않고 더 오랫동안 에너지를 유지할 수 있다고 생각합니다.

하나의 아이템이나 방식으로 승부를 내기에는 시장의 변화가 너무 심하거든요. 시장의 영향을 많이 받는 영역이나 방식을 고수하는 회사에 투자했다면 그 투자는 이미 실패한 거예요.

티몬, 쿠팡, 위메프의 예를 들어볼까요. 이 회사들은 처음에 그루폰 카피캣이었어요. 그런데 하다 보니까 모바일 커머스로 방향을 틀게 되었습니다. 블루홀도 MMORPG의 명가가 되겠다고 시작했는데 지금은 총싸움 게임으로 성공했습니다. 배민은 직접 배달은 생각지도 않았다가 지금은 배민라이더스가 주축이 되었죠.

패스트트랙:
레드오션에서 발견한 블루오션

저는 같은 현상을 두고 다른 관점으로 보거나 다른 해석을 하는 데 시간을 가장 많이 씁니다. 남들이 모르는 기회를 찾는 게 아니라 모두가 알지만 다른 관점으로 보고 다른 해석을 할 수 있는 기회를 찾는 거죠.

큰 시장을 일단 고른다. 그다음엔 더 구체적인 사업 영역과 사업 방식을 골라야 하잖아요. 그땐 어떤 기준을 가지고 고르나요?

세상에는 두 가지 범주의 사업이 있어요. 사용자의 소비지출을 점유하는 사업, 그리고 사용자의 시간을 점유하는 사업. 이 두 가지 범주에 속하지 않는 사업이 있느냐? 저는 없다고 생각합니다.

시간을 점유하는 사업으로는 네이버나 카카오를 예로 들 수 있겠습니다. 하루 24시간은 누구에게나 한정되어 있는데, 그 사람의 시간을 내가 가져올 수 있을까. 확률이 낮은 게임이라고 봤습니다. 그래서 저는 사용자의 소비지출을 중심으로 사업을 기획하기로 했습니다.

의식주를 좋아하신다고는 들었는데, 그것을 고른 기준이 있었던 거군요.

의식주 중에서도 온라인의 비중이 아직도 낮은 사업에 관심을 가졌습니다. 또 그중에서 기존 플레이어들이 독과점을 해온 분야에도 기회는 있어요. 그들만의 성이 무너지지 않았다는 것은 아이러니하게도 그들이 더 이상 성장하지 않는다는 뜻이기도 하니까요. 이제 그 분야에 혁신이 등장할 때가 됐네, 저는 그게 보여요. 아니, 보려고 노력해요.

구글 전에 야후, 야후 전에 알타비스타가 있었어요. 페이스북 이후 인스타그램, 인스타그램 이후 틱톡이 나왔고요. 카카오톡은 네이버를 위협하고 있습니다.

또 다른 예로, 쿠팡의 이커머스 시장 점유율이 20퍼센트입니다. 창업자들 눈에 보일 거예요, 어떻게 하면 저 아성에 균열을 낼 수 있을지. 쿠팡도 균열을 내고 성공한 케이스입니다. 이마트를 꺾었잖아요. 그리고 배민라이더스 세상인 것 같은 배달 시장에 균열을 내는 쿠팡이츠만 봐도 알 수 있어요.

지금은 된다 싶으면 투자자들이 돈을 몰아줍니다. 큰 시장에서 기회를 찾아야 합니다.

한 사람 단위든 한 가구 단위든 의식주에 가장 많은 지출을 해요. 즉 의식주 시장이 가장 크다는 뜻이죠. 그렇다면 그 의식주 중에 나는 어떤 사업 모델을 택해야 할까, 그 시장에서 제가 잡을 수 있는 기회는 무엇일까, 질문하고 고민했습니다.

한 가지 서비스가 득세할 땐 그 서비스가 시장을 잠식한 것 같지만 그 천하에 반드시 기회가 있습니다. 내가 낄 데가 없는 시장이라고 생각하면 안 됩니다. 가능성이 넘치는 시장이라고 생각해야 해요.

그렇다면 모두 그 시장에 뛰어들 것이고 경쟁도
치열할 텐데요.

처음에 큰 질문을 던져놓고 그다음에 작은 질문들
을 덧붙이고 그것에 대한 답들을 찾아가는 과정을
거쳐 아이템을 고릅니다. 기준은 단순해도, 관점에
는 차이가 있습니다.

다른 사람들보다 압도적이거나 결정적인 정보를 가
지고 투자나 사업의 기회를 얻는 이들도 있습니다.
남들이 모르는 것을 내가 알고 있다면 망설일 필요
가 없죠.

하지만 그럴 확률이 높을까요? 제가 알고 있는 정보
를 남들이 모를 리 없고, 그들만 알고 있는 특수한
정보를 제가 알아낼 수 있다고는 생각지 않습니다.

저는 같은 현상을 두고 다른 관점으로 보거나 다른 해석을 하는 데 시간을 가장 많이 씁니다. 남들이 모르는 기회를 찾는 게 아니라 모두가 알지만 다른 관점으로 보고 다른 해석을 할 수 있는 기회를 찾는 거죠.

동일한 것을 다르게 본다면, 어떻게 다르게 볼 수
있을까요?

예를 들면《머니볼》에서도 기존의 프레임을 버리고
새로운 프레임으로 야구를 보았고, 아예 다른 결과
를 냅니다.

저는 그 책이 너무너무 좋아요. 몸 좋고, 빨리 뛰고,
잘 때려야 최고의 야구선수다, 다들 그렇게 생각하
지 않았나요? 하지만 너드 한 명이 이 관점을 뒤집은
거예요. 게임에서 승리하기 위해서는 점수를 내야
한다, 점수를 내려면 주효한 출루가 많아야 한다고.

농구도 마찬가지예요. 야구에서처럼 통계를 분석해
보니까 링에 가까이 가서 슛을 쏘는 게 중요하지 않
다는 거예요. 성공률 60퍼센트로 2점짜리 슛을 쏘는
것과 성공률 40퍼센트의 확률로 3점짜리 슛을 쏘는

것의 기댓값이 똑같았습니다.

이렇게 볼 때 최악은 3점 라인 한 발자국 앞에서 2점짜리 슛을 쏘는 경우죠. 그러다 보니 요즘에는 링 바로 아래 2점 슛과 3점 라인 슛 비중이 어마어마하게 높아요. 포지션별 선수 몸값이 극단적으로 차이 나기 시작한 겁니다. 센터 아니면 포인트가드여야 하는 거예요.

스포츠에선 그것이 가능했지만 비즈니스 영역에
서도 가능할까요?

선수 한 명의 역량에 집중됐던 승부 요소에, 통계를
사용해서 스포츠를 과학적으로 해석했다는 것. 저는
이런 새로운 해석이 너무나 흥미롭습니다. 그렇다고
시장도 통계로 해석해야 한다는 뜻은 아닙니다. 시
장을 바라보는 관점을 새롭게 가질 필요가 있다는
뜻이죠.

**전략과 전술의 문제가 아니라 게임의 룰을 뒤엎을
만한 극단적인 변화의 시작이 가능한가. 그러려면
처음부터 다른 생각을 해야겠죠.**

저는 시각의 차이로 다른 결과를 내는 사례를 가능
하면 많이 수집하려고 합니다, 그게 사업이든 뭐든.
그리고 그런 관점을 가지기 위해 애씁니다. 계속 공
부할 수밖에요.

시장의 크기를 볼 것, 그중에서도 소비자의 소비 지출이 높은 의식주 시장에 관심을 가질 것, 그다음엔 그 시장을 다른 관점으로 접근할 것. 나름의 기준을 가지고 계십니다.

사업 아이템을 고르는 기준을 가지고 있다고 해서 다 적용할 수 있는 것은 아니었어요. 패스트캠퍼스(현재 데이원컴퍼니)를 시작하게 된 계기는 좀 달랐습니다. 패스트파이브는 나중에 목표와 방향이 달라진 케이스였습니다. 이제 와서 돌이켜보면 결과적으로는 시장 분석과 사업 방향이 큰 틀에서는 동일했지만.

패스트트랙아시아 자체는 일종의 지주회사입니다. 지주회사에는 자체적으로 매출이 발생하지 않아요. 지주회사가 끌고 가는 회사들이 매각되어야 매출이 생깁니다. 아니면 그 회사들이 엄청나게 성장을 해서 배당을 받아야 하는 거죠. 저희 브랜드를 사용하는 대가를 받는 방법도 있고요.

수익이 발생할 여지가 없는 건 물론이고 투자금이니 인건비니 빠져나가기만 할 때라서 제가 밥값은 벌어야겠다는 생각을 했어요.

창업하려는 사람들에게 돈을 받고 정보를 제공하자, 유료 강의를 오픈하자, 계획을 세웠습니다. 제가 할수 있는 일이기도 하고 또 가장 빨리 할 수 있는 일이었으니까요.

120만 원짜리 창업 수업을 개설해서 1기 마흔 명을 모집했는데 정원이 바로 찬 거예요. 그때가 2014년이었습니다. 제가 하루에 세 시간씩, 월, 화, 목, 금 일주일에 네 번, 석 달간 직접 강의를 했습니다.

1기 멤버 기억하세요? 그중에 지금 성공적으로 사업을 꾸려가는 분들이 있나요?

현재 아이디어스 대표님이 1기 멤버입니다. 지금에 와서 하는 말이지만 제가 그분들에게 수업료를 받을 게 아니라 투자를 했어야 했어요.

석 달간 강의를 해보니까 돈이 되겠다, 이런 판단 이 들었던 건가요?

밥값은 벌겠구나 싶어서 2기, 3기 수강생도 모집했습니다. 그런데 매일 강의하는 게 너무 힘든 거예요. 차라리 이것을 사업화해보면 어떨까.

원칙을 정했습니다. 첫째, 제가 강의하지 않을 것. 외부 강사를 섭외해야 했죠. 둘째, 아무도 가르쳐주지 않지만 반드시 필요한 강의를 열 것. 데이터 분석이나 디지털 마케팅을 가르치는 데가 그때는 없었습니다.

'방황'하던 후배를 데리고 와서 패스트캠퍼스를 세팅했어요. 1년간 운영해봤더니 잘됐습니다. 교육 비즈니스가 성공할 수도 있구나 했죠. 이 사업은 해봐서 알게 된 거예요, 하기 전에 많이 고민했다기보다.

처음에 40명과 시작했는데 지금은 300명이 일하고 있습니다. 작년 매출이 418억 원이었고, 올해 1분기에 250억 원 달성했습니다. 매출 1천억 원을 기대하고 있습니다. 수치상으로는 그래요.

교육 회사 중에 가장 매출이 높은 곳이 학습지 3사입니다. 매출이 8천억~9천억 원입니다. 메가스터디 같은 곳은 3천억~4천억 원이고요.

목표는, 저희는 특정 연령대를 타깃으로 하는 교육 회사가 아니니까, 평생 교육을 지향하는 곳이니까, 한국에서 교육 비즈니스 중에 최초로 매출 1조 원 넘는 회사가 나온다면 그건 반드시 성인 타깃 교육 회사가 될 것이고 우리가 바로 그 회사일 것이다, 하는 것.

패스트캠퍼스는 코로나 팬데믹의 수혜주이기도 하잖아요, 온라인 수업 비중이 90퍼센트나 되니까. 공유오피스, 즉 오프라인 사업인 패스트파이브는 직격탄을 맞았을 것 같습니다.

코로나 이후 패스트파이브 입주 문의가 오히려 늘었습니다.

저희가 생각한 이유는 두 가지예요.

패스트파이브 주요 고객이 임직원 수 스무 명 남짓한 작은 회사들입니다. 주로 이면도로 쪽에 사무실을 얻어서 사업하는 회사들이죠. 화장실에 문제가 생기면 건물주가 고쳐주긴 하는데 연락을 하고 고칠 때까지가 번거롭습니다.

공유오피스가 차라리 안전하고 더 편하지 않을까, 그곳이 근무 환경 퀄리티가 더 높지 않을까, 하는 생각을 했겠죠. 그것이 첫 번째 이유라고 봅니다.

두 번째 이유는 재택근무 시행 덕분인 것 같습니다. 큰 회사들이 갑자기 봉쇄되고, 모두 재택근무를 하기에는 효율성이 떨어지니까 팀 단위 분산 오피스를 세팅하기 시작한 겁니다. 마케팅팀이나 TF팀이 주로 그랬어요.

그런데 그 회사들이 직접 공간을 찾고 세팅하려면 6개월쯤 걸리는 데다 임대 기간도 원하는 대로 설정하기가 쉽지 않은 거예요. 지금 당장 일을 시작할 수 있고 1년 단위 단기 계약을 할 수 있는 데를 찾다보니 공유 오피스가 좋은 대안이 된 겁니다. 이런 수요가 패스트파이브에 몰렸다고 봅니다.

흔히들 패스트파이브와 위워크를 비교하곤 합니다. 위워크가 한국에 들어온 걸 보고 입지나 서비스, 공간 인테리어 등을 많이 참고하셨을 것 같습니다.

위워크가 한국에서 서비스를 런칭하기 전에 저희가 먼저 1호점을 개점했습니다. 패스트파이브를 열 때까지도 위워크가 한국에 들어올지 어떨지 저희는 몰랐어요.

위워크에서 패스트파이브를 방문한 적은 있습니다. 오피스들을 둘러보고 저희와 인사도 나누고. 그로부터 1년 후에 위워크가 한국에 발을 디뎠어요.

1호점을 내신 지 6년이 지났습니다. 패스트파이브의 공간 활용 방법이 많이 진화했죠?

패스트파이브는 한국에 조금 더 특화됐어요.

인터넷 연결이 잘 안 되면 매니저에게 말하면 됩니다. 바로 조치해요. 인터넷이 안 터지는데 온라인 신고 사이트에서 접수할 수는 없잖아요. 그리고 저희는 처음부터 중앙 냉난방 시스템이 아닌 개별 냉난방이 가능한 건물에 입주했습니다.

문제가 생기면 즉시 처리되길 바라고 늦게까지 일하는 한국 소비자의 입맛에 맞게 서비스하고 있습니다. 패스트캠퍼스 사무실을 찾을 때 저희가 세웠던 기준을, 패스트파이브 입점 건물을 찾을 때도 똑같이 적용했습니다. 그리고 점점 진화하고 있죠.

초창기와 달라진 것을 꼽으라면 크게 두 가지 있어요. 한국 소비자들은 커다란 오픈데스크를 별로 좋아하지 않더라고요. 그래서 4호점 이후로는 오픈데스크를 없애고 개인 업무 공간을 더 많이 만들었습니다. 두 번째는, 그 개인 공간조차 다 드러나지 않게 바꾼 것입니다. 방문에 반투명 시트지를 붙여달라는 요청이 많았어요.

패스트파이브는 어떻게 시작하게 된 거예요? 의식주 중에 '의'와 '식'은 투자나 사업을 통해 경험해 봤으니까 이제 '주'에 해당하는 거를 한번 해보자?

맞습니다. 하지만 시작부터 원대한 계획이 있었던 건 아닙니다. 당시에 직방이 인기 있었어요. 부동산 사업이라면 온라인에서만 거래되는 것 말고 현실 공간도 존재하는 것이었으면 좋겠다, 하고 셰어하우스 사업을 준비했습니다.

부동산은 말 그대로 '부'동산이잖아요, 움직일 수 없기에 입지가 더 중요한. 그런데 서울 외곽에 있는 부동산에 사람이 몰린다는 사실이 굉장히 흥미로웠습니다. 영화 좋아하는 사람들이 사는 곳이라는 가치가 개입되니까 지하철역에서 꽤 떨어진 곳이라도 인기가 높았습니다. 부동산 사업인데 입지가 중요하지 않게 됐잖아요.

부동산 사업은 입지가 중요하다, 이 고정관념을 뒤집었다는 것에 흥미를 느끼셨습니다. 그런데 왜 중단됐나요?

장소를 물색하려고 여기저기 돌아다녔습니다. 그러다 문득, 이게 돈이 될까, 싶었어요. 단순하게 계산을 해봤습니다. 방 여섯 칸짜리 다 쓰러져가는 한옥을 리모델링해서 여섯 명에게 세를 놓는다고 하면 한 명당 20만 원, 총 120만 원 매출인 거예요.

사업이 되려면 규모가 있어야겠죠. 그렇다면 아파트 단지 정도는 되어야겠다, 사이트 하나 만들어서 120만 원 매출이면 답이 없다. 그래서 교착 상태에 빠졌습니다.

그때 미국에서 위워크가 등장했습니다. 홈페이지를 찾아 들어가서 보니까 방 한 칸에 120만 원이었어요. 일인실에 120만 원이 가능하기는 한 걸까 싶었죠. 한국의 소호 사무실을 거의 다 훑었는데, 어딜 가도 70~80퍼센트가 차 있었어요.

처음부터 철저하게 기획했다기보다 큰 방향만 유
지하고 목표 지점으로 가는 것. 그래서 하우스에
서 오피스로 바뀐 거군요.

경험으로 알게 된 거죠, 직접 해보지 않았으면 몰랐
던 것을 알게 된 겁니다.

두 가지에 놀랐습니다. 한국에 작은 회사들이 이렇
게나 많구나, 아무리 허름한 사무실도 다 차는구나.
위워크 모델을 보고 셰어하우스 말고 공유오피스
쪽으로 방향을 틀었습니다. 어떤 회사건 임대료는
다 내고 있을 거잖아요, 그중에 몇 퍼센트를 우리가
가져오자, 이렇게 흘러간 거죠.

한국의 모든 법인들이 1년간 지출하는 임대료의 합
이 100조 원쯤 돼요. 광고 시장이 10조 원이니까, 자
그마치 열 배예요. 어떻게든 저 시장에 들어가야 하

는 겁니다.

서울의 그 많은 건물들이 패스트파이브로 채워지거
나, 아니면 우리가 인테리어 공사를 해주거나, 또 아
니면 우리가 운영을 대신 맡거나 하는 방법이 있겠
죠. 100조 원 중에 몇십조는 가져올 수 있다고 본 겁
니다. 그게 10조인지 40조인지는 모르지만 어쨌든
10조 이상, 몇십조 수준의 가능성이 보인다면 해야
죠, 해야 합니다.

인테리어 공사 시작하기 전에 콘셉트부터 잡았습니다. 레이아웃을 어떻게 짜야 할지 모르는, 그야말로 백지상태였어요. 위워크 한 지점의 한 층 평면도를 인터넷에서 구했어요. 책상 사이즈가 이 정도구나, 방 한 칸 사이즈는 또 이렇구나, 알게 됐습니다. 그리고 나서 우리는 통로를 좁힐까? 방 크기를 키울까? 이런 고민을 시작했죠.

그렇게 해서 연 패스트파이브 1호점이 남부터미널 근처에 있습니다. 부동산이지만 입지의 영향을 안 받을 자신이 있었던 걸까요?

왜 남부터미널이었냐 하면, 임대료가 비상식적으로 저렴했거든요. 고령의 건물주가 임대료를 몇 년째 올리지도 않고 그냥 내버려두고 있었던 거죠. 강남 쪽은 언감생심이었습니다. 강남으로 진입할 때 편한 장소가 어디일까를 고려했지만 저렴한 임대료가 결정적이었습니다.

불확실성을 확실성으로 바꾸는 방법에 대하여

싸니까, 망하더라도 손해는 덜 보겠다는 심정이었습니다. 1호점이 잘되면 무조건 확장하자, 아무도 찾지 않으면 우리가 그 건물로 이사하자, 이런 마음으로 일단 시작했어요.

정식으로 패스트파이브 오픈하기 전에 술 마시면서 가격을 정했어요. 위워크 일인실은 80만~100만 원이지만 한국의 소호 사무실은 25만짜리도 있으니까 파이브는 35만 원으로 할까? 50만 원 받아도 되겠는데? 아냐, 그럼 45만 원으로 해보자.

걱정뿐이었어요. 가격은 차치하고, 여기 입주하려는 소호가 있을까?

현재 36호점까지 열었습니다. 상장 신청을 했다가 철회하신 이유는 뭔가요?

2호점과 3호점을 냈을 때는 확신이 있었어요. 서울에 30호점까지 낼 수 있겠다, 강남 쪽에 좀 몰리겠지만 서초역과 선릉역 사이 핵심권역 중심으로 세 곳씩은 더 만들 수 있겠다, 그리고 한 구에 하나씩도 만들 수 있겠다.

처음 목표는 초과 달성했습니다. 지금 38호점 인테리어 공사를 하고 있어요.

상장은 급하지 않아요. 보통 심사하는 데 두 달 걸리는데, 작년에 신청을 했더니 심사 기간만 다섯 달이었어요. 패스트파이브가 임대업이라는 쪽으로 흘러가고 있더군요.

저희도 충실히 답변했습니다. 소비자가 이용하는 만큼만 돈을 내면 되는 공간 서비스를 우리는 제공하고 있다고. 임대한 공간을 쪼개서 되파는 임대업을 하는 게 아니라고.

당시 25호점까지 열어둔 상태였습니다. 저희가 생각해둔 신규 서비스도 있었고요. 이렇게 말로만 설득하지 말고 그냥 신규 서비스 런칭해서 직접 보여주자, 이렇게 결정을 한 겁니다. 상장 준비하는 데 매달리지 말자고.

아쉽진 않으신가요? 이제는 똑똑한 자본이 똑똑한 것을 고르고 있잖아요. 자본이 똑똑해질수록 혁신의 속도도 빨라지고 물론 돈도 더 증가하고.

그래서 상장이 자금 조달 그 이상 그 이하도 아니라고 생각해요. 요새는 어차피 비상장시장 거래가 더 활발해서 상장을 하지 않아도 큰 문제는 없어요. 작년에 상장 준비할 때는 정말 신경을 많이 썼지만 지금은 그렇게 목매지 않아요, 시기의 문제일 뿐이라서.

패스트파이브도 작년에 600억 원 매출을 올렸습니다. 패스트캠퍼스의 올해 예상 매출과 똑같습니다, 1천억 원. 지금까지의 추이로 그렇게 예상할 수 있습니다. 내가 할 수 있는 한 해보자, 목표는 그거예요.

보너스트랙:
플랜 A부터 플랜 Z까지

중요한 건 타석에 계속 들어서는 거예요. 내가 지치지 않고
계속할 수 있다는 게 전제가 되면 옵션을 무한정으로 생성
할 수 있으니까. 언젠가는 안타를 칠 거니까.

세우셨다고 하셨어요.

네, 망하기 싫으니까 안전망을 더 만들어놓는 거예
요. 계획도, 플랜 Z까지 만들어놓습니다. A로 해보
고 안 되면 빨리 B로 넘어가야 해요.

그게 바로 주관식을 객관식으로 만드는 것이잖아요. 가고 싶은 대학이나 직장을 리스트업하는 것과 같죠. 아무래도 스트레스가 심할 것 같은데요.

예전에 비하면 스트레스가 많이 줄었습니다. 지금 하고 있는 일이 시간에 구애받는 일이 아니기 때문이에요.

치대 입학에 실패했을 때 현실상 도전할 수 있는 기회가 몇 번 있을까요? 삼수를 한다 해도 앞으로 두 번입니다. 사수까지 가는 경우는 정말 드물죠. 취직도 마찬가지예요. 사회에서 정해놓은, 어느 정도의 마감 시한이 있어요.

하지만 사업은 달라요. 언제까지 무얼 반드시 해야 한다는 게 없어요. 제가 지치지만 않으면 추가 옵션을 무한하게 생성할 수 있습니다. 스물다섯

살부터 아흔 살까지 같은 그라운드에서 경쟁하는 거예요.

물론 예전에는 1번부터 25번까지 짜둔 대안이 다 실패하면 어떡하지, 1번 2번 3번 방법까지 써봤는데 안 되면 어떡하지, 그러면 선택지가 스물두 개밖에 안 남는데 어떡하지, 선택지가 점점 줄어드는 것에 대한 스트레스가 컸어요. 하지만 지금은 그런 스트레스는 없어요.

패스트트랙아시아를 시작하고 나서, 그러니까 굿닥의 지지부진함과 퀸시의 실패 이후에 제가 원하는 것을 해야겠다고 생각했던 순간부터.

경우의 수를 상정하는 것에 대한 병적인 집착은 있지만 이게 안 되면 어떡하지 하는 스트레스는 덜한 편입니다.

스스로에 대한 확신, 같이 일하는 팀에 대한 확신이 생긴 거죠. 스물다섯 가지 옵션까지 썼는데 실패한다면 스물여섯 번째 옵션을 만들면 됩니다. 계획은 아주 치밀하게 짜지만 실행 단계의 리스크는 내가 초조해하고 걱정한다고 해서 변할 게 아니기 때문에, 그냥 그 상황에 나를 던진다, 그런 마음을 먹었어요.

회사가 잘되면 9개월간 추가 자금이 필요없겠다, 안 되면 3개월 내 돈이 떨어지겠다, 이런 상황을 파악했으면, 그다음, 3개월 내 돈이 정말 떨어지면 한국의 투자사들 중에 이런 곳에 컨택한다, 그것도 안 되면, 두 번째 그룹에 속한 투자사에 컨택한다, 만약 거기서도 실패하면, 비즈니스 자체를 수정하자, 또 여기부터, 비즈니스를 수정하려면 첫 번째 옵션, 다음에 두 번째 옵션….

이렇게 끊임없이 경우의 수를 상정하고 대안을 만들어두는 거죠. 나중에 이대로 가기만 하면 되게끔.

심지어 어떤 투자사를 만났을 때, 예스 하는 경우와 노 하는 경우도 상정해놨어요. 예스를 하더라도 늦게 할 경우와 빨리 할 경우까지. 저는 불확실한 게 너무 싫거든요.

플랜 Z까지 다 만들어놓아야 마음이 편해요, A부터 Z까지 하다 보면 이 중에 하나는 무조건 된다, 그렇게 생각해야 마음이 편해요.

불확실성을 확실성으로 바꾸는 방법에 대하여

실제로 리스크가 발생했을 때 플랜 Z까지 다 쓴 적도 있나요?

그런 적은 없어요. Z까지 안 갑니다. 야구에서 10타 수 연속 무안타가 없는 것과 마찬가지예요. 평균적 으로는 서너 타석 들어서면 안타 하나씩 나오잖아 요. 그래도 가장 긴장되는 순간은 있어요, 3타수 연 속으로 무안타가 나왔을 때. 네 번째 다섯 번째 여 섯 번째 정도의 타석이 매우 초조하죠. 하지만 여태 3타수 1안타 정도 쳐왔고 안타 중에 간간이 홈런도 나왔다, 이런 생각을 하면서 버티죠.

중요한 건 타석에 계속 들어서는 거예요. 내가 지 치지 않고 계속할 수 있다는 게 전제가 되면 옵션 을 무한정으로 생성할 수 있으니까. 언젠가는 안 타를 칠 거니까.

학교 다닐 때는 정해진 기간이 있고, 어느 시기가 되면 시험이나 취업으로 뭔가 마무리를 해야 하잖아요. 그때는 시간에 대한 압박이 있었는데 사업을 시작하고 나서는 '이때까지 이것을 해야 한다'에서 '이때'가 사라지고 '이것을 해야 한다'만 남았어요.

목표를 조금 빨리 달성하면 본인에게는 무척 좋은 일이죠. 옆에서 보기에도 무척 부럽고. 하지만 젊은 시절에 큰 성공을 이룬 분들을 보면 다시 일을 시작하곤 해요. 매각하고 나서 2년까지는 정말 기뻤다고 했어요. 그렇게 그 돈으로 지겹게 놀았는데 아직 1년밖에 안 지났고, 또 1년 지나도 겨우 서른다섯 살인 거예요.

태생적으로 놀고먹는 것 자체를 즐기는 분이라면

애초에 그런 성공을 일찍 할 수 없었을 테고, 태생적으로 일을 즐기는 분이라면 큰 성공 뒤에도 또 일을 하게 되어 있습니다. 그러니까, 언제 성공하느냐보다 어디까지 올라갈 수 있느냐 하는 게 중요해요.

다른 어떤 사업보다 재밌었습니다. 콘텐츠가 있는 사업에 제가 매력을 느낀다는 걸 알게 됐습니다.

뜻밖의 대답입니다. 콘텐츠는 품질 관리가 쉽지 않잖아요. 많은 투자자들이 돈이 일하는 비즈니스를 찾아다닙니다. 관리하기 쉽고 사업 규모도 더 키울 수 있는 패스트파이브 일을 더 좋아하실 거라고 생각했습니다. 투자자로 경력을 쌓았기 때문에 당연히 그럴 거라고.

패스트파이브를 키울 때에는 말 그대로 돈이 일한다는 느낌을 강하게 받았습니다. 첫 오피스를 런칭하는 게 힘들었지 그 다음 오피스부터는 세팅이 비교적 순조로웠습니다. 물론 처음보다 더 멋진 오피스를 만들어야 한다는 숙제를 안기는 했지만 기본적으로는 비슷한 요소에 신경 쓰면 되는 거예요. 그리고 일단은 돈이 있어야 새로운 오피스를 열 수 있어요.

예를 들면, 지금보다 객단가를 30퍼센트 올려보자,

건물주와 임대계약을 맺을 때 보증금을 올려주기보다 다른 이점을 제시하자, 같은 새로운 방법들이 경험이 쌓이는 동안 나옵니다. 하지만 처음에 저희가 그렸던 큰 그림을 크게 흔드는 것은 아니에요. 패스트파이브에는 매뉴얼이 존재하는 셈이죠.

하나의 사업 모델이 있고 오피스를 새로 여는 게 그 사업 모델에서 한두 가지 덧붙이는 정도라고 할 수 있죠. 각각의 지점을 관리하는 매니저가 있고 그 관리 지침도 어느 정도는 정형화되어 있습니다.

패스트파이브엔 매뉴얼이 존재하지만 패스트캠
퍼스엔 그런 게 없다?

패스트캠퍼스는 모든 것을 제로베이스에서 시작했
기 때문에 일 자체도 재미있습니다. 강사 한분한분
도 천차만별이에요. 어렵고 까다롭긴 해도 보람은
그 난도에 비례해서 큽니다.

창업 교육에서 실무 교육으로, 오프라인에서 온라인
으로 바뀌었어요. 실무 교육은 외국어 교육까지 포
함하게 되었고, B2B로까지 확장했습니다. 매년 다른
것을 시도해요.

패스트캠퍼스 수강생 대다수가 직장인입니다. 평생
교육 개념으로 저희가 시장을 넓혔고 실제로 수요
가 있었습니다. 본인 실력을 업그레이드할 때 패스
트캠퍼스가 필요했던 거죠.

패스트캠퍼스에 개설했던 강의 대다수가 실패하고
한두 개가 성공하면서 최근의 모습을 갖추었습니다.

**돈이 일을 한 게 아니고 사람이 일을 해서 결과를
만들어냈습니다. 떡볶이를 팔아도 엄청 잘 팔 수
있겠다라고 믿게 되는, 그런 사람들입니다.**

사람과 조직에 대해 점점 배우는 것도 있고요. 패스
트캠퍼스 내 현재의 리더 그룹은 다 인턴으로 들어
와서 주니어, 시니어로 자랐습니다. 5년 이상 생사
고락을 같이하면서 여기까지 왔으니까, 네, 남달라
요. 그분들도 저도 성장했습니다.

패스트파이브도 밑바닥에서부터 시작하셨어요.
시행착오가 많았을 것 같습니다.

패스트파이브는 1호점을 런칭하기까지의 과정이 회
사 스토리의 절반 이상을 차지할 것 같습니다. 인테
리어 공사 현장에서 한 달 동안 먹고 잤어요. 견적서
를 받긴 했지만 그 금액이 적당한지 처음엔 모르잖
아요. 지금 뭘 알아야지 나중에 인테리어 비용을 깎
든지 할 거 아니에요.

남자 넷이 모였는데 아무도 인테리어에 관심도 조
예도 없었어요. 우선 예쁜 사무실 사진을 모았습니
다. 그 사무실의 예쁜 가구들과 가장 비슷한 가구
를 이케아에서 골랐어요, 소품까지. 그런데 영 별로
인 거예요. 고속터미널 지하상가에 소품 가게가 많
아요. 그래서 오픈하기 직전에 족히 다섯 번 방문했
어요. 양손 가득 소품들을 사서 낑낑대고 메고 왔죠.

소품은 그렇게 준비했는데 역시 큰 가구가 문제였어요. 일단 돈을 아껴야 했으니까 의자 140개, 책상 140개를 들여놓고 직접 조립하기 시작했습니다. 그때만 해도 아무도 몰랐죠, 하나 조립하는 데 시간이 얼마나 걸릴지, 조립할 때 어떤 도구가 필요할지.

200평 남짓한 휑한 사무실에 남자 넷, 조립 전 가구들 이렇게밖에 없었습니다. 전동드릴 하나 없었어요. 이케아 가구에 포함된 도구들로 다 조립할 수 있을 줄 알았죠. 그래서 그것 가지고 바닥에 앉아서 하나하나 조립하기 시작했어요.

여섯 시간, 일곱 시간 조립해서 새벽 두세 시가 됐는데도, 세상에, 열다섯 개도 조립 못 한 거예요. 넷 중 한 명이 집에 가서 전동드릴 세트를 가져오겠다고 했어요. 그래서 다음 날엔 속도가 좀 붙었어요. 그제서야 전동드릴을 몇 개 더 구해서 며칠 만에 조립을 끝냈습니다.

조립을 끝냈다고 끝난 게 아니었습니다. 처음에 포장박스 뜯을 때 스티로폼 따위를 신경 안 썼더니 사무실은 물론이고 조립된 책상 곳곳에 스티로폼 가루가 붙어 있었어요. 그것 청소하느라 또 며칠 썼어요.

1호점 오픈 준비할 때 직접 조립하는 게 비효율적 이라는 걸 알았으니 2호점에서는 다른 방법을 썼 겠죠?

2호점 오픈할 때 다들 제 눈치를 봤습니다. 또 직접 조립해야 하나 하고. 네, 3호점까지 직접 조립했어 요. 2호점은 80개, 3호점은 200개. 4호점 오픈할 때 부터 완성된 책상과 의자를 주문했습니다.

그럴 수밖에 없었던 게, 그때는 그 정도 비용 차이 가 너무너무 중요했어요. 아낀 비용이 그대로 매출 로 연결될 때였으니까요. 그리고 조립된 가구를 사 는 것을 승인해버리면 돈을 아끼는 쪽이 아니라 쓰 는 쪽으로 계속 갈 것 같았어요.

그렇게 열심히 준비했는데, 말씀하신 대로, 아무
도 안 왔어요.

**절망적이었습니다. 당연히 아무도 안 왔습니다. 저
희가 패스트파이브 준비할 즈음 주변 지인들이 입
주를 하니 마니 했지만 다 부질없는 약속들이었죠.**

일주일가량 공쳤습니다. 저와 초기 멤버들이 하루종
일 패스트파이브 1호점에서 대기하고 있었어요. 제
가 굉장히 신경질적으로 변했어요.

플랜 B가 있었잖아요. 그래서 패스트트랙아시아 **139**
가 입주했나요?

1호점 망하면 우리가 입주한다는 플랜 B는 '쪽팔리
는' 플랜 B였어요. 그렇게 바로 입주할 수는 없었어
요. 신경이 곤두서서 모든 것을 마이크로 매니징하
기 시작했습니다. 이거 망하면 큰일인데 싶어서요.

패스트캠퍼스 홍보할 때처럼 페이스북과 인스타그
램 광고를 돌렸어요, 입주하기 전에 일단 패스트파
이브 투어를 해보시라.

매일 아침 8시에 다 모여서 디지털 마케팅을 통해서
투어 신청을 하신 분들과 전화 통화로 투어 약속을
잡았습니다. 보통은 그런 전화를 사무실 밖에 나가
서 해요. 본인이 하는 멘트가 남들 듣기에는 약간 겸
연쩍을 수도 있으니까요. 그런데 저는 사무실에 다

모여서 전화하라고 했어요. 멘트를 확인해야 했거든
요. 밖에 나가서 통화를 하고 와서, 투어 신청을 하
신 분이 투어를 안 하겠다고 하더라, 이렇게 보고하
는 걸 믿을 수가 없었어요. 멘트가 이상해서 투어를
안 한다고 한 것일 수도 있잖아요. 그래서 저희는 전
화를, 다 모여서, 다 듣는 데서 했습니다.

그러면 투어 약속이 9시부터 잡혀요. 그때는 모든
게 다 불안하고 눈에 거슬려서 제가 처음부터 끝
까지 할 일을 일일이 정해줬어요. 투어 예정자 도
착 5분 전에 1층에 내려가서 기다린다, 처음 만났을
때는 이런 멘트를 한다, 그다음 엘리베이터를 타고
2층에 와서는 저런 멘트를 한다, 왼쪽부터 돌면서
여기 지나갈 때는 이런 멘트, 저기 지날 때는 저런
멘트, 이렇게 다 시나리오를 짰습니다.

심지어 실제로 투어를 할 때 그 멘트들을 다 녹음하
게 했어요. 같은 말이라도 아 다르고 어 다를 수 있
으니까. 가이드가 도대체 뭐라고 설명을 했기에, 누

구는 입주를 하겠다고 하고 누구는 입주를 안 하겠다고 하는지 확인해보자.

밤 10시쯤이면 투어가 다 끝나요. 10시에 다시 모여서 그날 각자 겪었던 것을 한명한명 브리핑했습니다. 어떻게 투어를 했고, 그들의 반응은 어땠고, 계약율은 어느 정도인지 공유합니다. 피드백까지 완료해야 하루가 끝나요. 그리고 다시 다음 날 아침 8시에 모입니다. 이런 하루가 한두 달 반복됐습니다. 그렇게 1호점을 다 채웠어요.

바로 2호점을 내셨습니다.

1호점 세팅하는 데 총 7억 원을 썼습니다. 그중에 3억이 인테리어 비용이었고요. 2호점을 세팅할 돈이 없었어요. 패스트파이브 자본금을 다 쓴 거죠.

돈이 더 필요했습니다. 그런데 1호점 그것 하나 가지고는 돈을 모을 수 없겠다는 판단이 먼저였습니다. 지금 돈이 없으니까 그만하자가 아니라, 패스트파이브 가치를 더 높여서 돈을 끌어오자.

그래서 P2P 대출(인터넷을 통한 개인 간의 직접적인 금융 거래. 불특정 다수로부터 투자금을 모아 대출을 원하는 사람에게 돈을 빌려주는 서비스)로 10억 원 가까이 빌려서 2호점과 3호점을 오픈했습니다, 1호점보다 작은 규모로.

P2P로 자금을 조달한 특별한 이유가 있었나요?
확신이 있어야만 빚을 늘릴 수 있을 텐데요.

방법이 그것밖에 없었으니까요. 은행은 안 빌려주니까요. 은행에서 대출받으려면 회사의 신용이 중요한데 저희는 이제 막 문을 연 매출도 없는 회사였습니다. 처음에는 주거래 은행 지점장을 모셔와서 1호점을 보여드렸어요. 제가 정말, 그런 것을 안 좋아하는데, 지푸라기라도 잡아야 했어요.

저는 패스트파이브가 엄청난 회사가 될 거라고 시작했는데, 은행에서는 대출을 안 해주고, 이런 식이라면 벤처캐피털에서도 까일 게 분명했어요. 그때 한창 P2P가 유행했어요. 학교 후배가 운영하는 곳에 연락해서 재무제표도 없이 돈 빌려달라고 부탁했어요. 굉장히 자존심 상했죠, 결과적으로는 패스트파이브가 흥행해서 다행이었지만.

THREE

믿기 때문에 믿을 수 없는 결과를 만드는 일에 대하여:

이유를 찾는 리더

언더독의 반격:
힘들기 때문에 할 수 있는 일

당신은 성진그룹 안방에서 태어나서 거실을 지나서 지금 여기에 왔는데, 나는 신림동 판잣집에서 태어나서 지금 당신을 마주보고 서 있다. 나를 이기기는 쉽지 않을 거다. 저는 이 대사가 언더독 독기의 끝이라고 생각해요.

스스로를 언더독이라고 여기고 있죠? 남들이 보기엔 큰 실패도 없었고 밑바닥 인생도 아니었는데 말입니다.

이 바닥에서는 그야말로 밑바닥에서 시작했습니다. 제가 다녔던 학교가, 제가 알던 사람이, 제가 투자자로서 경력을 시작하는 데 도움이 되지는 않았기 때문입니다. 그리고 언더독이라고 자각하게 된 계기는 이미 말씀드렸죠, 천재들과 낙하산들 틈에서 제가 한없이 작아지던 그때. 열등감이라고 해도 좋아요, 그것 때문에 이 일을 시작하게 됐으니까, 인생의 행로가 바뀌었으니까.

저희 집이 찢어지게 가난한 건 아니었지만 아버지가 회사를 일찍 그만두셔서 어머니와 아버지가 많이 고생하셨어요. 입시 준비할 때 의대를 가고 싶었어요. 군대 안 가도 되고, 먹고사는 데 지장 없는 직

업이니까. 별 생각이 없었던 거죠. 사회적으로 보장
받은 직업이니까 괜찮아 보였던 거고.

원하던 대학에 못 가는 바람에 크게 한방 맞은 거예
요. 잘난 줄 알았는데 하나도 잘나지 않았다는 걸,
부모님 '빽'으로 일어서는 사람들이 그렇게 많다는
걸 처음 알았습니다. 저의 대단했던 자신감과 그걸
받쳐주지 않는 환경에서 스스로를 언더독이라고 여
기게 된 겁니다, 나는 다윗이구나.

언더독이 역경을 겪으면서 성장하는 사례는 많습
니다.

그런 걸 또 수집합니다. 〈황금의 제국〉이란 드라마
를 백 번 이상 봤어요. 대사가 기가 막힙니다. 언더
독 남자 주인공이 재벌가를 상대하면서 내뱉는 대
사가 특히 그렇습니다. 재벌가가 쓸 수 있는 자원을
다 써서라도 주인공을 못살게 굴겠다고 하니까 주
인공이 이렇게 말해요.

당신은 성진그룹 안방에서 태어나서 거실을 지나서
지금 여기에 왔는데, 나는 신림동 판잣집에서 태어
나서 지금 당신을 마주보고 서 있다. 나를 이기기는
쉽지 않을 거다. 저는 이 대사가 언더독 독기의 끝이
라고 생각해요.

판잣집에서 태어난 사람은 모든 걸 헤치고 얻어낸

성과를 재벌가에서 태어난 사람은 그냥 물려받아요. 그중에 누가 더 역량이 뛰어날까요.

창업을 하면 모든 게 골리앗과의 싸움이에요. 돈도 없고 소스도 없고 아무것도 없는 상태에서 시장을 뚫어야 해요. 멘탈이 강하지 않으면 못 견뎌요. 단 한 번도 역경을 겪지 않은 사람이 그걸 견딜 수 있을 거라고 생각지 않아요.

내가 얼마나 가난한 집에서 태어났고 얼마나 생고생을 했고, 그런 진부한 스토리를 말하는 게 아닙니다. 내 상상과 다른 세상을 마주하며 계속 스스로 깨지고 일어서는 경험을 말하는 것입니다.

'꼰대'라는 평을 듣지는 않으십니까? 내가 다 안 다, 그래서 항상 내가 옳다는 전지적 창업자 시점.

마지막 결정을 내려야 하는 사람은 어차피 최종 책 임자 한두 명이에요. 그 결정을 안 할 거라면 자리를 내줘야 합니다. 결정은 하는데 그 사장이 '꼰대'라서 그 스스로 발전이 없다면 내리막길을 걷겠죠. 피해 자가 그 자신이에요.

야구를 예로 들어볼게요. 3할 타자건 2할 타자건, 전 타석에서 안타를 쳤다고 해도 다음 타석에서는 다 시 시작합니다. 그 타석이 쌓여서 누구는 3할 타자 가 되고 누구는 2할 타자가 되는 거예요.

어떤 사장이 과거에 올바른 결정을 해서 입지를 쌓 았다면 현재 결정을 잘할 확률은 얼마나 될까요. 노 력하지 않으면 3할을 유지하지 못합니다.

저는 과거의 영광을 말하지 않아요, 왜 일하는가, 그게 더 중요해요. 제가 다 옳다고도 말하지 않아요, 그런 사람이 되려고 공부하고 있어요. 3할을 유지하려면 각고의 노력이 필요해요.

비즈니스란 결정의 연속입니다. 자잘한 결정은 잘 못 해도 큰 영향이 없어요. 하지만 결정적 결정이 라는 게 있습니다. 그런 결정은 한번 내리면 되돌 릴 수 없습니다. 이게 옳은지 그른지 천 번을 좌고 우면하지만 그 순간엔 절대 알 수 없고 지나봐야 알 수 있는 것도 있죠. 아쉬웠던 결정은 없습니까?

큰 결정 중에는 헬로네이처와 푸드플라이를 매각하 기로 한 결정. 그때로 다시 돌아간다면 매각하지 않 을 겁니다. 헬로네이처가 마켓컬리가 되고 푸드플라 이가 배민이 될 수 있었던 가능성을 날려버린 결정 이었습니다.

두 대표들이 좀 지친 것 같았다고 이미 말씀드렸죠. 하지만 돌이켜보면, 네가 지쳤다면 내가 끌고 갈게, 이렇게 말할 자신감이 그때는 없었습니다. 제가 꾸 리고 있는 회사도 여럿 있었기 때문에.

작은 결정은 수도 없이 틀려요. 매일, 이 콘텐츠를 올려보자, 이 광고를 돌려보자, 그런데 결과가 신통찮아요. 저는 그냥 빨리 잊어요. 앞으로 또 이런 결정의 순간들이 쓰나미처럼 몰려올 텐데 왜 계속 뒤를 돌아보면서 당시 그런 결정을 내린 나를 혐오하고 있어야 하나요.

그 시간에 갇혀 있으면 안 됩니다. 제가 그 결정을 했던 이유 하나만 남기고 당시의 상황은 잊어버려요. 왜냐하면 앞으로도 계속 저는 실수할 거니까. 중요한 것은 동일한 실수를 안 하는 거예요.

절대 안 합니다. 매각한 후에 내가 이것보다 더 큰 기회를 다시 만날 수 있을 거라고 장담하는가? 자문해보면 그렇지 않다는 답이 나와요.

인간이 살면서 겪을 수 있는 가장 큰 지옥이 후회하는 거라고들 하잖아요. 배수의 진을 치고 싸우는 장군 이야기를 어려서는 이해하지 못했습니다. 적당히 싸워서 후회를 남길 바에야 죽더라도 여기서 끝내야 했던 그 심정을 지금은 조금씩 이해하고 있어요. 결정은 어떻게 하는 편인가요? 조언을 구하나요?

저는 아무에게도 안 물어봅니다. 혼자 이렇게도 고민하고 저렇게도 고민합니다. 사실, 첫 상황에서 거의 절반 이상은 결정됩니다. 그 결정을 합리화할 수 있는 논리를 찾느라고 고민하는 거죠. 충분히 검증하는 시간을 들입니다.

저는 그렇게 생각하지 않아요.

경영진의 자신감과 끈기로 승패가 갈립니다. 전략은 아웃소싱할 수 있어요. 똑똑한 친구들 고용하면 되니까. 끝까지 밀고 나갈 기세가 경영진에게 있느냐, 그게 더 중요해요. 어마어마한 뚝심은 어디서 살 수도 없어요.

패스트파이브 런칭하고 1년 반쯤 후에 위워크가 한국에 들어왔어요. 2년 정도 피 튀기는 경쟁을 했습니다. 위워크는 전 세계에 지점을 둔 글로벌 회사이고 패스트파이브보다 자금력도 좋아서 다윗과 골리앗 싸움이라고 보는 시각이 꽤 있었습니다.

저는 그때 신났어요. 그런 거 좋아해요, 경쟁 구도. 더 불타올라요. 이길 수 있는 판이라고 생각했어요.

패스트파이브가 한국의 명백한 일등이라고 말할 수 있기까지 4년 정도 걸렸습니다. 물론 그렇다고 해서 이 싸움이, 이 경쟁이 완전히 끝났다고는 생각지 않아요.

여러 번 말씀드리지만, 저는 제가 진다는 걸 받아들일 수 없어요, 제가 지는 게 그냥 싫어요.

경쟁만큼 좋은 자극제가 없어요. 조건만 보면 질게 뻔해 보여도 실제로는 그 큰 전쟁에서 크게 뒤지지 않는 것도 이기는 거예요. 저 사람이 똑똑하면 나도 그 정도로는 똑똑하고, 저 사람이 답을 찾으면 나도 답을 찾을 수 있고, 저 사람이 투자를 유치하면 나도 그 정도 투자금을 모을 수 있다. 비기면 비겼지 질 이유 따위는 없다고 생각합니다.

즐긴다고는 하지만 경쟁하는 과정에서, 뒤돌아보지 않는다고 하지만 결정하는 과정에서 스트레스는 있을 것 같습니다.

저는 일하면서 생길 수밖에 없는 스트레스, 그걸 받는다고 해서 엄청 고통스러워하지는 않습니다. 아, 오늘은 숙제가 좀 많네, 이 숙제는 좀 어렵네, 하는 정도. 어차피 그 숙제를 제가 다 풀 수 없어요. 그중 하나만 잘 풀어도 기분이 좋겠다, 이렇게 받아들이니까 부담이 크지 않아요.

저만의 루틴을 가지고는 있어요. 그 루틴에 따르다 보면 저절로 관리되는 스트레스가 있습니다. 예를 들면 상반기에 한 번, 하반기에 한 번, 모든 일정을 비우고 서울 시내에서 가장 좋은 호텔에 투숙합니다. 1박 2일 그 방에서 나오지도 않고 혼자 생각하고 그 생각을 문서 한두 장으로 정리해요. 하다가 졸리면 그냥 자고 배고프면 룸서비스 이용하고 술도 마시고 하면서.

회사가 커져서 사람이 많아진 후에는 리더 그룹과 워크숍 형태로 그렇게 진행한 적 있습니다. 결혼하고 나서는 가족과 연말에 제주도에 내려가서 한 2주 그렇게 지내요. 의도적으로 시간을 비우는 거죠.

잘못 결정하면 지옥으로 떨어질 수도 있는 게 비즈니스잖아요. 혼자 결정하면 나중에 남 탓도 못 합니다.

저는 결정할 때 망설임이 없는 편입니다. 엄청난 자존감을 그런 식으로 표현하고 있다고 봐요. 제가 어떤 이유로 그 결정을 했으면 그냥 그게 최선이에요.

그리고 돌아보지 않아요. 그냥 앞만 보고 가요. 과거에 회사를 매각했던 결정도, 사실 크게 마음에 담아 두지 않아요. 제가 그때로 되돌아간들 미래에 대한 정보가 없기는 마찬가지인데, 어떻게 다른 결정을 할 수 있겠어요. 결정을 했으면 믿어야 합니다, 그게 최선이었다고.

잘못된 결정을 하는 것보다 결정을 안 하는 것, 늦게 하는 것이 더 나쁩니다. 극도로 혐오합니다. 제

한된 정보만으로 뭐라도 결정해야 해요. 저는 주저하지 않아요.

그래서 몇십억이 들어가는 프로젝트에도 저의 호불호를 표현하지 않는 경우는 없습니다. 이거 별로야, 이게 가장 좋아. 심지어 작게는 광고회사 선택할 때도, 광고회사가 프리젠테이션하는 자리에서도 저는 바로 말해요.

절대로 우유부단해서는 안 된다. 그게 리더의 조
건이겠죠.

저는 훈련을 통해서 그런 자질을 키울 수 있다고 생
각합니다. 누구와 어떤 환경에서 일을 해봤느냐에
따라서도 많이 다르고요. 저는 운이 좋았습니다. 실
패가 디폴트인 벤처캐피털사에서 처음 일을 시작할
수 있었잖아요. 그곳에선 이렇게 말해요.

어차피 다 실패해. 그러니까 다 실패해도 돼. 하나만
잘되면 돼. 그런 문화 속에서 두려움 없이 빠르게 결
정하는 훈련을 했던 것 같습니다.

**회사를 세우고 나서는 제가 준비해둔 카드 열 개
중에 반드시 잘되는 게 있을 거라고 믿고 일해요.
개별 건들은 실패할 수 있어도 결국은 성공한다,
과정상에 실패는 있어도 결국은 성공한다.**

교육과 부동산을 선택하신 건 의식주라는 큰 시장을 보았기 때문이지만 대표님의 취향이 반영되었다고도 할 수 있을까요?

어떤 비즈니스를 구상할 때 제 개인의 소비자로서의 취향은 전혀 말하지 않습니다. 제 취향이 정규분포에서 오른쪽이나 왼쪽 끝에 있을 수 있잖아요. 제 취향이 오판의 근거가 되어서는 안 된다고 생각해요.

저는 천 명 중의 한 명, 만 명 중의 한 명의 소비자일 뿐이에요. 제품을 만들었으면 천 명에게 팔아야지 한 명을 만족시켜서 되겠어요? 그 천 명이 살 수 있는 제품을 만드는 데 제 취향은 중요하지 않아요.

여성 속옷을 파는 회사의 대표가 남자이고 수입차 시장의 톱 딜러가 여자입니다. 여기서 인과관계를 찾을 수 있을까요?

대표님은 사업 시작 전에 어린 나이에 위기 같은 걸 감지하셨고 다른 일을 찾아 헤맸습니다. 인생이든 사업이든 사건사고, 즉 위기의 순간은 반드시 있습니다. 성장통이라고 봐도 될까요? 요새 직장 내 여러 이슈 때문에 입길에 오르는 기업이 많아요.

성장통. 사후적 해석이라고 생각해요, 결과적으로 그렇더라고 하는. 사고는 예고 없이 발생하죠. 그러나 그 원인을 찾다보면 과정상의 문제가 반드시 있습니다. 사고라기보다는 예견된 일인 경우가 많습니다. 시스템 문제입니다. 기업 규모와 상관없이 언제 어디서든 발생합니다. 그 기업 규모가 클수록 사고 발생 이후 파장의 차이가 있을 뿐이죠.

독점적 지위를 가진 기업의 영향력을 고려하면 당연히 그 기업들이 사회적 책임도 크게 져야 한다고 저는 생각합니다. 기업 입장만 보면 전통적인 제조업 분야에서 ESG에 대한 압박을 특히 더 강하게 느끼는 것 같습니다.

우리가 일회용 포장 용기를 너무 많이 사용한다고는 하지만 그것이 모두가 체감할 정도의 심각한 문제로 등장하지는 않았다고 봅니다. 플라스틱 쓰레기가 동해 앞바다에 잔뜩 떠다니고 있다고 해야 각각에게 진짜 문제로 다가올 거예요.

ESG가 유행은 타고 있지만 진정한 임계점은 아직 멀었다고 생각해요. 지금은 그냥 미지근한 물에 있는 느낌이에요. 환경 문제로만 국한해서 말씀드리면, 플라스틱을 절대 쓰지 않는다는 행동 변화를 일으키기 위해서는 강한 자극이 필요합니다. 적어도 소비자 입장에서는 본인이 살고 있는 동네에 플라스틱 쓰레기 산이 솟아야만 심각성을 인지하지 않을까요?

일단 발생한 사고에 대해서는 어떻게 처리해야 할까요, 패스트트랙아시아가 겪을 만한 위기는 무엇이고 그것을 처리하는 매뉴얼이 존재하나요?

사후 처리, 사전 준비에 기발한 묘책이 있지는 않아요. 도리상 해야 하는 것들을 차분히 해나가는 것 말고는.

노동집약적 비즈니스가 사고 위험에 많이 노출됩니다. 어떤 기업은 시장에서 독점적인 위치를 차지할 정도로 커져서 고용을 창출하고 있는데 노동집약적이라서 위험도 그만큼 커지고 있죠.

저희는 그런 비즈니스를 하고 있지는 않아서 사람에 관한 리스크에 대해서는 크게 고민해보지 않았습니다. 패스트파이브에서 일하시는 분들이 200명이 넘어요. 그럼에도 아무리 회사가 커진들 인력 비즈니스라고는 보기 어려워서 인명 사고 등에 대한 리스크는 심각하게 생각해보지 못했습니다.

그런 리스크는 푸드플라이에서 체감했습니다. 회사의 성장에 비례해서 라이더들을 수천 명 수만 명 고용해야 하는데, 몇 가지 이슈가 있었죠.

라이더들을 계약직으로 뽑을 것인지, 아니면 정규직으로 뽑을 것인지. 정규직이라면 비용 부담이 훨씬 높죠, 4대 보험을 보장해줘야 하니까. 그래서 15퍼센트 정도 비용이 늘 것으로 보았는데, 그 15퍼센트는 푸드플라이 흑자를 적자로 바꿀 만한 비용이었어요. 다른 이슈는 라이더들의 사고를 대비한 보험 가입 여부였습니다. 그래서 보험을 만들었어요.

음식 배달은 단거리 배달입니다. 2~3킬로미터 반경에서만 배달해주니까요. 사고 확률은 매우 낮죠. 하지만 한번 사고가 나면 크게 나요. 비 오는 날, 눈 오는 날. 1년에 3분의 1은 비나 눈이 오는 날입니다. 그래서 푸드플라이 대표는 입원한 라이더들을 만나는 게 일이었어요. 잊을 만하면 한 번씩 사고가 났습니다.

정도의 문제겠지만 계속 갈등은 있을 것 같아요. 스타트업 초창기에는 성취 지향적인 사람들이 활동해서 성과를 만들어냅니다. 그런데 회사가 커지면 안정 지향적인 사람도 들어옵니다. 리더급은 초창기에 성취 지향적으로 일했던 사람들이겠지요. 성취와 안정, 두 부류의 사람이 섞이면 갈등이 발생해요.

도전적인 일을 해보고 싶어서 대형 IT기업에 입사하는 사람이 얼마나 될까요? 그런 기업에 입사하는 것을 공기업에 입사하는 것처럼 생각하지는 않을까요?

그렇다면 회사가 성장한 후에도 계속해서 성취 지향적인 리더들이 안정 지향적인 사람들에게 도전을 요구하고 성과로 압박하는 게 문제일까요? 그 사람들이 안 바뀌어서 생기는 문제일까요?

급격하게 성장한 회사들에선 오너가 곧 창업자예요. 창업자는 언제나 배고파요. 여전히 성장하고 싶어 하죠. 그 욕구가 예상 외로 강렬합니다. 저는 이것 자체는 좋거나 나쁘거나 한 게 아니라고 봅니다.

한 회사 안에서 캐시카우는 안정적으로 운영하고 성장 동력이 필요한 일은 도전적으로 운영해야 하지 않을까 싶어요. 안정 지향적인 사람들과 성취 지향적인 사람들에게 다른 일을 맡겨야 하는 거예요.

악당의 동료:
빛나지 않아서 빛나는 일

처음엔 세 명, 나중에 열 명, 스무 명과 일하는 과정에서 너무 많은 시행착오를 겪었어요. 경력자가 왔다면 시행착오가 덜했겠죠. 하지만 저는 그 과정을 제가 직접 케어하면서 이 친구들이 성장해서 우리 회사에서 자리를 차지하는 편을 선호합니다.

좋아하지 않습니다. 더 정확하게는 네트워킹만을 위
한 모임을 좋아하지 않습니다. 그런 데에 일절 나가
지 않습니다. 사교활동은 질색이에요.

하나의 사업 안에서 오랜 시간 함께 일해온 관계는
투자하는 사람과 투자받는 사람과의 관계와 당연히
다릅니다. 저에게 동료란 패스트파이브, 패스트캠퍼
스를 함께 꾸려온 친구들이죠. 사교활동을 질색한다
고는 했지만 오래 함께 일한 임직원들과 친구들을 만
나는 것은 즐깁니다. 그들과는 당연히 끈끈합니다.

제가 스톤브릿지에서 일할 때 사람들이 그랬어요,
저 사람은 유독 술자리에 안 나온다, 저 사람은 저녁
도 같이 안 먹으려고 한다…. 창업자라면 비즈니스

를 위해서라도 사람들과의 소소한 만남이 필요하다
고들 하지만 저는 그게 너무 소모적이라고 생각합
니다.

벤처캐피털계에서는 술자리에서 딜 정보가 많이 오
가더군요. 메인은 40대였습니다. 그런 모임 백날 쫓
아다녀봤자 저 베테랑들이 20대인 나에게 유용한
정보를 주지는 않을 것 같았어요. 주는 게 있으면 받
는 것도 있어야 하는데 제가 그분들에게 기막힌 정
보를 줄 리 없잖아요. 그리고 그 정보는 2차, 3차 술
자리에서 나오는데 제가 그분들에게 아쉬운 소리를
하면서 계속 붙어다녀야 하는 걸까 회의가 들었습
니다.

**콩고물 받아먹는 것 같아서 싫었어요. 내 일을 그
런 방식으로 해결하고 싶지는 않았어요, 절대로.**

대표님이 인맥과 학맥으로 정보를 얻어서 성공적인 투자를 했다고 생각하는 사람들이 있어요. 그러나 실제로는, 성공한 투자 대부분이 콜드콜 방식이었더군요.

만약에 정보가 나오는 출구가 한 군데밖에 없다면 그런 술자리에 백 번은 족히 나가야 하는데 시간이 너무 걸릴 것 같았죠. 재미도 의미도 효율도 없는 방법 말고 다른 걸 해보자 했어요. 그때부터 자료를 수집하고 창업자들을 만났습니다. 기사에 한 번이라도 나온 창업자들에겐 거의 다 연락한 것 같습니다. 학맥, 인맥 이런 게 아니에요.

제가 만약에 그런 모임을 통해 정보를 얻을 수 있었다면 직접 발로 뛰지는 않았을 거예요. 기존 방식으로는 베스트가 될 수 없다고 생각해서 다른 길을 찾은 거예요.

지금도 여전히 그런 네트워킹을 통해서 좋은 정보를 얻고 투자를 하고 성과를 내시는 분들이 있습니다. 그런데 그 방식으로 하려면 어정쩡하게 해선 안 돼요. 극단적으로 잘해야 해요, 하루에 저녁 세 번씩 먹어가면서. 그것이 본인에게 맞다면, 그것도 좋은 방식입니다.

누구든 자기만의 방식으로 간다. 그러나 대표님의 방식은 신선했습니다. 나에겐 다른 강점이 있다고 생각하셨던 거죠. 그런 방식으로 오히려 더 좋은 네트워킹을 쌓을 수도 있고.

저만의 방식으로 첫 테이프를 끊어서 만들어진 네트워크가 이제 저에게도 있죠. 그럼에도 그분들과 술은 마시지 않습니다. 10년이나 알고 지냈지만 여전히 다 존댓말 쓰고 일 이야기만 합니다. 창업 초창기에 함께 고군분투했던 멤버들과는 또 다르죠, 물론 그때도 일 이야기만 하지만.

비즈니스 파트너와는 드라이한 관계를 유지하고 있습니다. 관계의 두터움은 대화의 콘텐츠에 달려 있다고 생각해요. 그저 관계 자체만을 위한 만남은 저에게 큰 의미가 없습니다. 목적과 명분과 실리가 있는 만남이어야 합니다.

제가 직원이었을 때는 회식을 싫어해서, 다른 사람들도 회식을 싫어할 거라고 생각했어요. 패스트트랙 아시아를 세우고 나서도 단체로 몇 번 회식한 게 다였습니다. 그런데 가만히 보니까 몇십 명이 그 안에서도 그룹 지어 앉아서 그들끼리 대화를 하다가 집에 가는 거예요. 이게 회식인가 싶기도 하고 구성원은 점점 늘어나는데 제가 한분한분에 대해 알고 있는 정보는 없어서 한 팀씩 쪼개서 한두 달에 걸쳐 제가 참석하는 회식을 열일곱 번 했습니다.

회식은 별로다 생각했는데, 해보니까 괜찮았습니다. 효과가 있었어요. 그다음부터는 20~30명씩 하는 회식 말고 참석자를 열 명 미만으로 꾸려서 자주 회식했습니다.

구성원의 만족도가 높아요. 아무도 소외되지 않고 평소에 하지 못했던 이야기를 꺼내놓기 쉽다고.

무엇보다 제가 그분들에 대해 더 많이 더 자세히 알게 되었다는 것. 제가 그분들과 직접 면대면으로 대화를 나눈다는 것.

회식하기 전에 HR에 요청합니다, 그날 회식 참석할 분들 이력서와 자기소개서를 모두 달라고. 제가 사람 얼굴과 이름을 잘 외우는 편이에요. 저는 저 나름대로 그렇게 회식 준비를 해요.

패스트캠퍼스 친구들이 대체로 술을 좋아하고 한번 마시면 끝장을 보려고 합니다. 어느 팀에 가서도 금세 불타오르니 회식할 때마다 조를 바꿔서 재미를 주려고 하죠. 한번은 좋아하는 메뉴를 고르게 해서 조를 짰습니다. 회식을 하면 최소한 대단한 것을 먹을 수는 있으니까 회식 참석할 때 죽상은 아니에요. 그래서 회식할 때마다 지출을 엄청나게 합니다. 메뉴는 항상 한우급입니다.

고군분투한 동료에 대한 애정이 남다르십니다. 패스트트랙아시아를 함께 시작한 분들에 대한 이야기를 먼저 해볼까요?

패스트캠퍼스 이강민 대표, 패스트파이브 김대일 대표 모두 학교 창업 동아리 후배입니다. 좁은 사무실에서 파티션만 세워놓고 전 헬로네이처 박병열 대표, 전 푸드플라이 임은선 대표까지 다 함께 일하던 때가 있었어요. 2014년부터 4년 가까이 매일 봤어요. 종일 일하다가 밤 10시, 11시에 농구하고 1시, 2시에 술 마시고 3시, 4시에 집에 가는 행군을 함께 했습니다, 주말도 없이. 끈적한 관계입니다.

공부에는 관심이 없는 것 같았어요. 악기를 대여섯 개 다루는, 풍류를 즐기는 친구예요. 학점이 낮아요. 대학 다닐 때 하도 놀아서 대기업 입사 전형에서 족족 다 떨어졌어요. 그러다가 창업을 했는데 잘 안 풀렸고, 제가 패스트캠퍼스 해볼까 할 때 불렀어요.

누구한테 안 좋은 소리를 못 하고 혼자 다 짊어지고 끙끙대는 스타일이에요. 그래서 패스트캠퍼스 구성원들이 그런 말을 하기도 했어요, 우리가 열심히 일하는 건 이강민 대표님 잠도 자게 하고 어깨 펴드리기 위해서다, 우리 대표님 불쌍하다….

제가 잔소리를 엄청나게 했습니다. 대표가 자기 감정 그대로를 다 드러낼 필요는 없지만 네가 얼마나 짜증이 났는지 얼마나 화가 났는지 구성원들이 알 필요는 있다고. 제가 10년째 잔소리를 하는데 10년째 그 친구는 안 바뀌었어요.

패스트캠퍼스 구성원들이 이강민 대표를 챙기는 걸 보면 어느새 이강민 대표 스타일대로 리더십을 구축한 것 같습니다. 제 영향도 있겠죠. 이강민 대표와 제가 패스트캠퍼스의 일을 50퍼센트씩 나누어서 하게 되었는데, 직원들 입장에서는 대표 한 명은 온탕, 다른 대표는 냉탕인 거예요. 그걸 엄마, 아빠라는 단어로 표현하는 분들도 있고요.

그러니까 패스트캠퍼스에는 두 가지 스타일이 있는 셈이죠. 진짜 착한 대표와 진짜 '지랄' 같은 대표.

입장이 달라졌기 때문입니다.

제가 투자자였을 때는 창업자들에게 나쁜 소리를 할 이유가 없었어요, 무조건 잘되기만을 바랄 뿐이고. 그런데 패스트트랙아시아를 시작해서 비즈니스를 직접 하다 보니까 좋은 사람이 되기는 어렵겠더라고요. 해야 할 말을 하지 않고 쌓아두면 언젠가는 반드시 폭발하더라고요.

투자자는 좋은 캐릭터를 유지하기 쉽습니다. 하지만 대표가 되면 그 캐릭터로 밀고 나갈 수 없습니다.

제가 악역을 맡고 안 맡고는 아무래도 괜찮습니다. 저는 생각나는 것을 있는 그대로 말하는 편이거든요. 그게 더 효율적이에요, 저에게는. 예를 들면 페이스북 광고 콘텐츠가 별로라면 별로라고 말해요. 똥 좀 그만 만들어라, 하고.

하지만 이강민 대표는 그런 식으로 하지 않아요. 제가 볼 땐 답답한 면이 있지만 다른 강점이 있으니까요. 그리고 초창기부터 업앤다운을 함께 겪었던 분들은 이강민 대표의 미묘한 감정 변화를 다 알아차려요. 평안해 보여도 화가 난 상태라는 것쯤은 알아요.

김대일 대표와는 대학교 동아리 활동부터 같이 했어요. 20년 가까이 알고 지내왔는데 감정의 기복이 거의 없습니다. 제가 감정의 기복이 크고 또 그것을 드러내는 파도라면 김대일 대표는 평온한 바다와 같은 사람입니다. 극한 스트레스를 받는 상황이 벌어져도 한숨 자고 나면 괜찮아진다는 사람입니다.

김대일 대표는 대학 졸업하고 컨설팅회사를 다녔습니다. 제가 스톤브릿지에 있을 때 투자한 회사의 경영전략 팀장으로도 잠깐 있었어요. 그 회사는 망하고 다른 게임회사 다니다가 저하고 같이 일하게 됐습니다. 그때 제가 말했어요, 오래 일할 작정이 아니라면 군이 패스트트랙아시아에 올 필요는 없다고요. 본인이 다 걸어보겠다고 했고 저도 믿었어요. 패스트파이브 열 때 정말 고생 많이 했습니다.

김대일 대표한테 미안하게 생각하는 점이 하나 있어요. 스톤브릿지에서 같이 일할 때 저는 자리를 잡아서 꽤 영향력이 있는 상태였고, 김대일 대표는 이제 막 시작해서 경력을 쌓아야 하는 상태였습니다. 그런데 2012년은 패스트트랙아시아와 스톤브릿지에 동시에 몸담고 있으면서 마음은 이미 패스트트랙아시아에 가 있는 때였거든요. 당시 김대일 대표가 카카오톡 투자 건을 상의했어요. 그런데 제가 반대했죠, 메신저 사업은 돈이 안 된다고. 실은 제 오만과 편견 때문이었습니다.

만약 그 투자를 했더라면 엄청난 성과를 냈을 거예요. 제가 긍정적인 피드백을 주지 못한 것에 대한 미안함을 계속 품고 있습니다.

김대일 대표님이나 이강민 대표님 두 분 다 교육이나 부동산 분야에서 전문적으로 일하시던 분들은 아닙니다. 왜 그분들하고 일하시는 건가요? 어떤 점에서 잘 맞았어요?

제가 오랫동안 알고 지내온, 그래서 인간적으로 신뢰할 수 있는 사람이면 된다고 생각합니다. 분야 전문성은 저에게 중요하지 않아요. 포항공대 입학할 정도면 똑똑할 테니까 검색 엔진 같은 걸 만드는 사업이 아닐 바에야 어떤 사업을 누가 하든 마찬가지라고 봤어요. 제 기준은 그냥, 신뢰 수준입니다.

이 사람을 믿어야 할지 말아야 할지 알 수 없다면 함께 일할 수 없어요. 그런 걱정에 제 에너지를 쓰기는 싫어요.

오늘 이런 대화를 나누었고 그 자리에서는 상대방

이 동의를 했는데, 속마음은 그게 아니었다면 어떡하지? 혹시 나와 이야기할 때 그 사람이 기분이 상했을까? 이런 걸 떠올리는 것 자체가 싫어요. 일에만 집중하고 싶어요.

우리가 하려는 게 대단히 어려운 비즈니스가 아니다, 당신이 못 하면 내가 하면 된다, 내가 못 하면 당신이 도와주면 된다, 그렇게 하면 언젠가는 된다, 저는 그렇게 생각해요.

이렇게 비즈니스에 집중해도 모자란 판에 동료가 제 앞에서는 고개를 끄덕이고 돌아서서 다른 사람에게 자신의 진짜 본심을 털어놓을 거라면, 그런 마찰이 있을 거라면, 저는 같이 일 못 해요. 상상만 해도 너무 싫어요, 그런 상황이. 저에게 보였던 태도와 했던 말이 달라진다는 것을 견딜 수 없어요.

이 사업 반드시 성공할 것 같다고 제가 말을 해도, 동료가 보기에 그 사업 망할 것 같다면 솔직하게 저에게 말해주어야 해요. 대안은 찾으면 되니까.

걸과 속이 같아야 한다는 거죠? 그 정도로 사전에 신뢰가 쌓인 관계여야 한다는 거죠?

저에게는 신뢰가 가장 중요합니다. 뭘 할지는 그 다음 문제예요. 연봉 올려주세요, 본심은 이것인데 말을 안 하는 분들이 있어요. 연봉이 낮다는 불만을 가지고서 어떻게 계속 일을 할 수 있겠어요. 그런데 열 번을 물어봐야 진심을 말하는 분들이 있습니다.

굿닥과 퀸시를 만들었을 때 소통이 잘 안 됐어요. 회의하고 결정한 다음에, 으쌰으쌰 잘해보자, 하고 헤어졌는데 상대방은 그런 마음이 아니었고 그동안 이미 너무 힘들게 일하고 있었던 거죠. 제가 부덕했건 그분들의 인식이 그러했건 간에 둘 사이 케미인지 소통인지가 좋지 않았던 거예요.

결국 좋은 관계 속에서 소통도 원활해지고 일의 효율도 높아진다. 그런 생각인 거죠?

네, 그런데 이제는 그런 관계를 새롭게 맺기는 어려울 것 같습니다. 제가 그 친구들을 일찍 만났기 때문에 다른 거 고려하지 말고 우리 인생 5년만 여기 베팅해보자 하는 의기투합이 가능했다고 생각해요. 지금은 우리 모두 많이 무거워졌어요.

저는 막 사회생활 시작하는 분들이 가벼운 상태에서 서로 신뢰 관계를 구축해서 도전을 하면 좋겠다고 생각해요. 이제 40대인 제가 20대인 그분들과 새로운 신뢰 관계를 만들기는 어려울 거니까.

노정석 대표님은 대학 때 처음 뵈었습니다. 제가 창업 동아리 만들었을 때 대표님에게 강의를 부탁드린 적이 있어요. 저희가 차비도 못 드리는데 강의하러 오실 수 있냐고 했더니 흔쾌히 오셨어요.

시간이 흘러 제가 스톤브릿지에서 일하면서 티몬에 관심 가지고 있을 때 어떤 행사장에서 다시 뵙게 됐습니다. 알고 보니 티몬에 투자를 하셨더라고요. 그렇게 두 번째 인연이 시작됐습니다. 그때 인연이 계속 이어져서 패스트트랙아시아를 같이 시작하게 됐죠.

한 스텝 나갈 때 상당히 많은 것들을 고려하시고 섬세하게 시뮬레이션하시는 분이에요. 그리고, 표현 하나를 해도 남다르게 하십니다. 다른 언어를 쓰는 분입니다. 그분의 생각을 듣고 있으면, 오랫동안 농

축된 생각을 기가 막힌 단어로 표출하신다는 걸 알
게 됩니다. 외계어 같아요. 어떻게 이런 단어가 튀어
나오지? 하고 매번 놀라요, 저는.

블로그 등에서 좋은 글을 보면 캡처해놓고 때때로
꺼내 보게 되잖아요. 노정석 대표님의 말씀이 딱 그
래요.

노정석 대표님은 엔젤투자를 주로 하시잖아요. 왜 투자를 하게 되었냐고 제가 물어보면, 대부분의 투자자가 뻔한 대답을 합니다. 그런데 노정석 대표님은 이렇게 말씀하십니다.

한 명의 강력한 '또라이'와 그 '또라이'를 추종하는 소수의 팀원이 있는 회사에 투자한다.

나도 저런 팀을 찾고 있었구나, 무릎을 치게 만드는. 전문성이라는 상투적인 단어를 안 쓰고 또라이라는 한 단어, 덧붙일 필요도 없는 적확한 단어로 상황을 정리해버리는 거죠. 그 단어들과 비슷한 단어들을 말씀하시지도 않았어요. 그냥 한 명의 어마어마한 또라이, 그리고 그를 신처럼 생각하는 소수의 팀원. 그걸로 끝인 거예요.

엔젤투자를 할 때는 또라이를 믿는 수밖에 없었을 거예요. 그런데 또라이 정도는 계량화할 수도 없어요. 그냥 믿는 수밖에요.

노정석 대표님 사단 같은 것이 있어요, 계속 창업을 하셨으니까. 그분들 통해서 들은 바로는, 노정석 대표님은 직원들이 구름 위에 떠 있는 것 같은 느낌을 갖게 한다고 합니다.

우리가 어마어마한 일을 하고 있다, 어마어마한 기회가 우리 앞에 있다, 이런 말씀을 하신대요. 노정석 대표님에 대한 신뢰도 있겠지만 대표님이 쓰는 단어나 표현이 사람들을 감화시키거나 빠져들게 만드는 거예요.

저는 이것이 성공한 사업가들의 큰 공통점 중 하나라고 생각합니다. 한두 문장으로 사람들을 움직일 수 있는 사람. 그걸 믿게 하는 힘을 가진 사람.

신현성 대표님은 공격적인 스타일이지요. 대표님 주변에도 항상 사람이 넘쳐요. 경력직을 많이 받아들이기도 하시지만 경험 많은 분들이 대표님을 많이 찾습니다.

무엇보다 '내 편'을 만드는 데 출중하신 것 같습니다. 저는 신현성 대표님을 나쁘게 말하는 분을 못 봤습니다. 티몬이라고 굴곡이 없고 위기가 없진 않았을 텐데 신현성 대표님과 일을 함께 해본 사람들이 한결같이 우호적인 평을 하는 데는 이유가 있을 거예요. 그분은 그런 사람이죠, 마당발에 엄청난 친화력까지 갖춘.

티몬 출신 창업자들이 꽤 많아요. 저라면 저하고 한 회사에서 일하시는 분이 회사를 나가서 창업한다고 하면 스트레스 받을 것 같거든요. 그 자리를 제가 또 메워야 하니까. 하지만 신현성 대표님은 누가 독립한다고 하면 투자까지 하십니다.

대단하시죠, 한 회사에 있을 땐 팀워크를, 헤어지고 나면 파트너십을 유지할 수 있다는 건.

본인도 또라이가 되고 싶은 거죠? 할 수 있는 한 끝까지 가고 싶다고 하셨잖아요.

네, 저도 구성원들에게 강력한 동기를 불어넣는 사람이 되고 싶어요. 저는 아직 배우고 있습니다. 한없이 겸손한 자세로 공부하고 있어요. 그렇다고는 해도 제가 멘토라고 생각하는 분이 따로 계시는 건 아닙니다. 배우는 것과 제가 판단하는 것은 별개입니다.

스타트업에서 사람을 뽑을 때는 어떤 기준을 내세우든 욕먹을 각오는 해야 해요. 저는 회사의 색을 확실하게 이해하는 사람과 일하고 싶어요. 노란색 좋아하면 노란색 회사로 가야 해요. 노란색 좋아하면 노란색 좋아하는 사람을 뽑아야 하고요.

매출 실적을 올리는 데 극도의 스트레스를 느끼는 사람이 매출 실적만으로 평가하는 회사에 가서는 안 되겠죠. 그 회사에 들어가서 절충안 같은 걸 만들겠다? 안 될 거예요.

그 회사 대표는 그렇게 말하겠죠, 매출만으로 사람을 평가하는 비인간적인 면이 있다는 건 인정한다, 하지만 미안한데 노선을 변경할 마음은 없다, 나는 이것이 맞다고 생각한다.

대부분의 회사가 그렇지 않을까요? 대표나 직원이나 돈 많이 벌고 싶을 테니까.

사람들이 생각보다 다양한 데서 동기를 찾아요. 무조건 돈, 그것만으로 설명할 수 없는 것이 많아요. 회사의 비전을 보셔야 해요. 내가 회사 대표의 비전에 공감할 수 있는가. 비전에 동의한다면 다른 곳에서 연봉 올리는 조건으로 스카우트 제의를 받아도 이직을 안 해요. 현재보다 두 배, 세 배 높은 연봉을 제시하는 회사가 있다면 모를까.

비전의 힘이 의외로 강합니다. 창업자가 이 회사를 왜 세우고 왜 이끌고 있는지, 지금 그 분야 일등을 달리든 삼등밖에 안 되든 간에 골리앗이 지배한 시장에서 뭔가 균열을 만들어내는 시도를 계속하는 이유. 그게 비전이에요.

세상을 역전하는 데 내 인생을 써보고 싶다는 사람도 있다는 말씀이죠? 하지만 모든 직원들이 동의할까요? 모두가 최고가 될 수 있는 것도 아니고, 성취욕이든 능력이든 개인차가 있을 텐데요.

직원 간 차이는 분명 있습니다. 제가 기대하는 것이 그들 입장에서는 너무 높을 때도 있겠죠. 그러나 기준은 필요하다고 생각합니다. 세상에는 무궁무진한 능력이 있지만 제가 바라는 능력, 이 회사에 필요한 능력의 기준.

패스트캠퍼스의 리더 그룹은 대부분 패스트캠퍼스에서 주니어로 시작했습니다. 그들이 처음부터 출중해서 그 자리까지 갔다고는 생각하지 않아요. 그분들은 성장했어요, 저와 함께. 성취가 어떤 것인지 알고 있다고 믿어요.

이런 경험과 능력을 가진 사람을 이 자리에 데려와야겠다고 해서 경력직을 그냥 앉히는 걸 선호하지 않습니다. 경력직이라면 당연히 제 기대수준을 만족시켜야 하는데 퍼포먼스가 그에 미치지 못하면 바로 작별해야 합니다. 저는 그런 드라이한 관계가 싫어요.

처음엔 세 명, 나중에 열 명, 스무 명과 일하는 과정에서 너무 많은 시행착오를 겪었어요. 경력자가 왔다면 시행착오가 덜했겠죠. 하지만 저는 그 과정을 제가 직접 케어하면서 이 친구들이 성장해서 우리 회사에서 자리를 차지하는 편을 선호합니다.

때로는 성과를 내기 위해서 드라이한 관계를 유지
할 필요도 있잖아요. 급성장한 IT 기업에서 극히
드라이한 환경 때문에 어려움을 겪는 직원들도 있
고요.

그것이 특정 기업 특정 분야의 문제일까요? 저는 그
렇게 보지 않아요. 고도성장기에는 공장식 시스템으
로 효율을 극대화할 수 있었지만 지금은 시대가 바
뀌었습니다. 바뀐 세상에서는 그런 시스템을 유지할
수가 없어요, SNS를 공장에서 만들 수는 없는 노릇
이잖아요. 잘 만든 무형의 상품을 가진 일등 기업이
그 시장을 점령했어요. 이런 판국에 예전 방식으로
어떻게 경쟁력을 키울 수가 있겠어요. 그런데 여전
히 공장식 시스템을 돌리니까 문제가 발생할 수밖
에요.

예전 시스템을 고집했다기보다 바뀐 세상에서 더 공정한 룰을 찾는 노력을 게을리한 건 아닐까요?

기업보다 개인이 노력을 더 하는 것 같습니다. 정확히는 그 룰을 찾기보다 그 룰이 있는 곳으로 이동한 것 같습니다. 예전에는 보통 사람이 월급만으로 미래를 상상할 수 있었는데 이제 그게 불가능해졌기 때문이죠. 상황이 이런데 임원들은 천문학적인 연봉을 받고 있으니 불만이 쌓여요.

배달 시장에 인력이 몰립니다. 부업으로 배달을 하고 있어요. 일한 만큼 돈을 벌 수 있고, 월급만으로는 미래를 꿈꿀 수 없으니까. 너도나도 공무원이 되려고 합니다. 주식에 몰두하고 코인을 삽니다. 불만을 그런 식으로 표출하는 거라고 생각합니다. 회사 안에 공정한 룰이 없는 것 같다, 회사 밖에서 찾아보자 했지만 그것이 차선은 될 수 있어도 최선은 아니라고 생각합니다.

창업이야말로 가장 주체적으로 살 수 있는 방법입니다. 그만큼 위험부담도 큽니다. 조연으로 성공할 것인지, 주연으로 실패할 것인지 결정하는 것은 각자의 몫입니다.

능력주의, 경쟁주의를 지향하면서도 성장의 문화를 만들어서 다시 성과를 내는 리더라고 자부하신다고 해석해도 될까요? 문제는, 회사 규모가 커지면 일일이 케어할 수가 없다는 거예요. 성장은 차치하고 바로 성과를 내야 할 순간도 있고요.

사장과 직원의 생각이 같을 수가 없고 입장도 다릅니다. 제가 성장을 말한다고 해도 성과로 이해하는 사람이 있을 것이고, 제가 바라는 성장에 근접하지 않기도 해요. 성장의 정도도 각기 달라요.

제가 성장이든 성과든 원하는 게 있는데 어떤 분이 그걸 못 해내고 있다면, 저는 기다립니다. 태도가 좋으면 역량이 달리더라도 기다립니다. 그런 분들을 다음 단계로 이끌어줄 수 있는 것을 지원하는 게 리더의 역할이라고 생각합니다.

저희 회사에 자율주행차를 만드는 공학자가 필요한 게 아니거든요. 노력하면 어느 정도 채울 수 있는 비즈니스를 하고 있기 때문에 저희 회사에서는 이런 방식이 맞습니다. 기술자가 필요한 순간에 기술을 익힐 때까지 기다린다는 건 말이 안 되겠죠.

그럼에도 불구하고 영 안 맞으면 저는 그냥 타이밍이 어긋났다고 생각합니다. 이 친구가 성장을 해서 5년 뒤에 날아다닐 수도 있는데 지금 우리에겐 당장 다른 역량이 더 중요했던 거라고. 우리 회사가 갓난아기였을 때는 노력으로 커버가 가능했는데 회사가 커지다 보니 조금 더 노련한 기술을 가진 사람이 더 많이 필요해졌을 뿐이라고.

그래서 지금 당장 성과가 없네 마네 하는 생각을 안 하는 편이에요.

타이밍이 안 맞을 뿐이다, 어떻게 그런 생각을 하셨어요?

저도 올챙이였던 적이 있었으니까요. 친구들에게도 말합니다, 너의 올챙이 시절을 떠올려보라고. 너도 처음에는 엉망이었다, 주니어에게 잔소리 그만해라.

회사에서 기회도 제공하고 시행착오 비용을 감당한 덕분에 그만큼 성장할 수 있었다고 저는 생각해요. 그러니까 조직을 운영하는 입장이 되어서도 그런 시각으로 주니어들을 봐야 해요. 저만 해도 경영자로서 옳은 결정만 한 게 아니잖아요.

한 명의 좋은 경영자를 만드는 데 몇십억의 비용이 듭니다. 제가 어떤 회사에 투자한다고 하면 투자금의 70퍼센트는 그 회사 사장님이 레벨업하는 데 드는 비용, 시행착오에 대한 비용인 거예요.

물론입니다. 저 생각의 절반은, 어떤 친구를 두고 함께 일하기 어렵겠다고 말하는 사람들에게 그 친구와 함께 가야 하는 이유를 설명하는 과정에서 나왔습니다. 저도 그분들을 설득해야 하잖아요.

우리 모두 처음에는 올챙이었다, 이제 우리가 다른 올챙이를 위해 연못을 채워주자, 그렇게 시작해서 생각을 발전시켰습니다.

또라이의 비전:
멋지지 않다면 할 수 없는 일

저는 제가 이 회사를 만들고 이끄는 이유가 충분히 멋져야 한다고 생각했어요. 끝이 보이지 않을 정도로 오랫동안 해도 다다르기에는 너무 부족할 정도로 크고 멋진. 하루하루는 참담하니까.

제가 중요하다고 생각하는 것을 어떻게 하면 잘 전
달할까, 이런 고민은 회사에 직원으로 있을 때는 전
혀 하지 않았던 것이에요. 결과만 놓고, 잘했다, 지
금 성공한 그 방식으로 앞으로도 일해주세요, 이런
건 별로예요.

왜, 이 일을 왜 해야 하는가. 그런 동기를 불어넣기
위해 어떻게 하면 완결되고 완벽한 논리로 설명할
까. 저에게는 그것을 고민하는 것이 가장 중요한 일
이라서 그 일에 가장 시간을 많이 씁니다.

비전을 제시하는 리더가 되고 싶다는 뜻으로 들립니다. 교육 체제를 전복할 만한, 부동산 시장 패러다임을 바꿀 만한, 끝을 정해놓지 않은 목표 같은 거.

그 회사의 사장이 그 회사의 가치를 결정하는 거예요. 그 가치가 높고 좋아야 할 거 아니에요. 목표를 수치로 정하는 순간 회사 가치가 딱 그만큼이 되는 거예요.

그럼에도, 동기를 부여하기 위해서 수치로 된 목표를 상상하긴 합니다.

패스트파이브, 패스트캠퍼스가 어디까지 가야 한다, 구체적인 목표를 세워두셨습니다. 지금 현재 가장 중요한 목표들이겠죠?

그건 제가 할 수 있는 베스트를 목표로 잡은 거예요. 그러니까, 목표는 그냥 베스트예요. 현실적인 목표는 없어요.

스톤브릿지에 입사할 땐 목표라고 할 만한 게 있었습니다. 투자회사에서 4년, 스타트업에서 3년 경험을 쌓아서 서른다섯 살에 독립하자, 그럼 벤처캐피털사 CEO로는 내가 최연소야.

4년간 투자를 했더니 엑시트도 했네, 인생이 계획한 대로 되는구나 했죠. 공정한 룰이 적용되는 곳에서 뛰고 있구나. 그런데 패스트트랙아시아로 옮기면서 회사를 여러 개 만들고 성공하고 실패하고 하다 보니까 정신이 없는 거예요.

목표를 세워놓으면 그걸 달성한 후부터 게을러질 것 같았습니다. 거기서 멈추면 어떡하지 걱정이 있었어요. 그리고 목표를 달성한다고 해서 아쉬움이 없는 것도 아니었어요.

헬로네이처를 매각하지 않고 끝까지 베팅했으면 우리가 마켓컬리가 되어 있었을지도 몰라, 푸드플라이도 가지고 있었으면 배민이나 쿠팡 정도까지 자라서 그들과 한번 싸워볼 수도 있었는데, 하는.

저는 끝까지 가고 싶은 거예요, 목표라는 걸 정해서 제 한계를 지을 필요도 없이. 창업의 세계에서는 끝이 없어요. 제가 목표를 설정한들 그것보다 더 높은 성취를 해버리는 사람들이 계속 나와요. 그런 뉴스를 보면 또 조급해집니다. 그렇다면, 목표 없이, 내가 어디까지 갈 수 있는지 매일매일 시험해보자는 게 제 목표예요.

샀다가 손해 본 주식보다는 샀는데 팔아버린 주식이 더 아까운 법이죠. 패스트파이브와 패스트캠퍼스로 한국 부동산 시장과 교육 시장을 다 먹어버리겠다, 이게 목표겠군요? 그리고 그것이 대표님을 움직이게 하는 동기이고.

네, 1천억 원 매출은 실은 한계가 없다는 의지 같은 것입니다. 회사를 운영하고 있는데 수치도 없이 끝까지 간다고만 말할 수는 없으니까.

패스트벤처스는 부업으로 시작했어요. 엔젤투자 제
안이 많이 들어옵니다. 그 기회를 놓칠 순 없었어요.
지금은 생각이 좀 바뀌었어요. 패스트벤처스가 유니
콘이 된다면?

한국에 벤처캐피털사가 백 군데 있어요, 배달 중개
플랫폼이 백 군데 있다고 할 때 일등 회사의 매출은
조 단위입니다. 벤처캐피털도 마찬가지라고 봅니다.
백 개 벤처캐피털 중에도 유니콘이 있고 손익분기
도 못 맞추는 곳도 있겠죠.

1~5억 원 단위로 시작해 지금까지 30~40개 회사에
투자했어요. 지금은 부업 이상입니다. 벤처캐피털리
스트로서 손쉽게 투자회사를 꾸리는 게 아니라 투
자회사 중에 탑이 되고 싶어서 꾸리는 거예요.

독과점 시장에서도 가능성을 발견하는 것처럼?
그렇다면 계속해서 혁신을 해야 합니다. 그것을
위해 효율성을 극대화시켜 달려나가는 게 스타트
업이고. 지나치게 경쟁하지 않을까요? 그리고 그
경쟁을 통해서 특정 소수에게만 어마어마한 부가
집중되고 있어요.

사업을 일으켜서 결과를 만들어내는 과정도 중요하
지만 그보다는 결과를 만들어낸 후의 행동이 더 중
요합니다. 어마어마한 부를 쌓았다면 어마어마한 기
부를 해야죠. 실리콘밸리에서 그런 예가 많습니다,
최근에는 한국에서도. 저는 이때가, 사람이 변하는
지점 같습니다.

특정 목적지까지는 극단적인 경쟁이 당연하게 받아
들여질지도 모르겠습니다. 창업의 세계는, 제가 보
기에 공정한 룰이 적용되고 있습니다. 학맥, 인맥,

그런 거 계속 쓸 수가 없어요. 능력을 키워야 해요.

기부하겠다는 동기로 사업을 시작한 사람은 없을 거예요. 본인이 얻은 부를 누군가 사회에 환원하겠다고 하니까 자연스럽게 그런 문화가 형성됐을 거라고 생각합니다. 그전까지는 달렸을 거예요.

어마어마할지 초라할지는 모르겠지만 성장을 위
해서는 일단 경쟁을 해야 한다, 그리고 그다음에
분배를 생각한다는 거죠? 본인은 어떤 단계에 와
있다고 생각하세요?

저는 아직 달리는 단계예요. 여러 번 말씀드렸지만,
목표 지점이 어떤 수치는 아니에요. 돈보다는 성취
자체에 만족감을 느끼는 편인 것 같습니다. 그 외에
는 취미도 무엇도 없어요.

계속 달리려면 강력한 동기가 필요할 텐데요.

저는 제가 이 회사를 만들고 이끄는 이유가 충분히 멋져야 한다고 생각했어요. 끝이 보이지 않을 정도로 오랫동안 해도 다다르기에는 너무 부족할 정도로 크고 멋진. 하루하루는 참담하니까.

오늘 실패하고 내일 실패하고 되는 게 아무것도 없어요. 그럼에도 불구하고 계속 앞으로 나아가는 에너지를 유지하려면 내가 이 일을 하는 이유가, 수많은 회사 중에서 하필이면 이 회사에 와준 모든 친구들이 이 일을 하는 이유가 멋지지 않으면 안 된다고 생각했어요.

단순히 돈만 가지고는 그 이유를 만들어낼 수 없어요. 그러니까 만들어야 해요, 아주아주 충분히 멋진 이유를.

동기이자 비전이군요. 아주아주 충분히 멋진 이유, 찾으셨나요?

패스트캠퍼스를 지금의 교육 체제를 전복할 수 있는 대학으로 만드는 것입니다. 패스트트랙아시아 임직원의 자녀들이 우리가 만든 대학교에 다니게 할 거예요. 멋지지 않나요?

시험 한번 잘 봤다고 해서, 자격증 하나 땄다고 해서 평생 먹고 살 수 있는 시기는 이제 끝났어요. 영어를 정말 잘하는지 못하는지 시험 점수만 가지고는 알 수가 없는데, 그 점수가 실력을 대변하지도 않는데 어떻게 계속 시험을 치고 시험을 신뢰하겠어요. 저는 한국의 교육 체계에서 이것이 가장 큰 문제였다고 생각합니다. 그걸 타파하기 위해서 지금 일하고 있어요. 그러니까 우리는 교육 체계를 바꾸고 있는 거예요.

패스트캠퍼스 초창기부터 꿈꿔온 게 있어요. 패스트캠퍼스가 대학교 라이센스를 따는 것입니다. 지금은 바뀌었어요, 라이센스 자체보다 기관의 권위가 더 중요하다고. 패스트캠퍼스가 권위를 갖추면 저희가 학위를 주지 않아도 공부를 하고 싶은 분들은 저희를 택할 거예요. 학자의 길을 걷지 않는 대다수 사람들에게 대학교나 대학원의 학위라는 가치는 높지 않을 테니까요.

그러니까 저희도 굳이 라이센스를 확보할 필요가 없습니다. 미네르바스쿨처럼 학위가 없더라도 그곳 수업을 들었다면 기업이 인정해주는 학교가 되면 된다고 생각해요.

그리고 패스트파이브로 부동산 시장도 전복하고 싶어요. 땅을 가졌다, 건물을 가졌다는 사실 하나만으로 초과 이윤을 얻는 시대가 30년 가까이 지속됐어요. 적어도 서울에는 이제 새로운 땅 새로운 건물은 없어요. 그러면 앞으로 30년은 저 건물을 콘텐츠 서비스로 채울 수 있는 능력이 있는 사람의 시대가 될 겁니다. 그런 관점에서 부동산을 해석하는 회사가 당연히 잘나갈 거예요.

패스트파이브가 아무리 돈을 많이 벌더라도 땅을 사거나 건물을 사지는 않을 거예요. 기존의 땅 주인 이나 건물 주인 같은 행태는 절대 안 할 거예요. 그 어떤 새로운 가치도 창출하지 않고 그 어떤 노력도 하지 않는데 건물 하나 가졌다고 돈을 버는 시대를, 우리가 끝장내고 있다고 믿어요.

뭔가를 소유했다고 해서 초과 이윤을 얻는 게 아 니라 고객에게 제대로 된 서비스를 해서 돈을 버 는 방식으로 이 부동산 시장을 바꿀 것이다. 멋지 지 않나요?

228 이제 막 사회에 진입한 젊은 친구들의 가슴을 뛰게 할 만한 비전입니다. 내가 인생을 걸 만한 것을 찾는다면 그것 자체가 큰 동기가 되기도 하죠, 그것이 내 인생을 가치 있다고 느끼게 해주니까. 오늘 깨지고 실패해도 나의 인생은 매우 가치 있다, 돈으로 살 수 없는 경험이다, 이렇게 의미 부여를 하시는 거죠?

저는 제가 언더독으로 살아왔기 때문에 그런 비전이 있어야만 했어요. 많이 가진 사람들에 대한 반감이라기보다 제가 노력해서 제대로 된 서비스, 제대로 된 가치를 고객에게 제공하는 데 희열을 느껴요.

기획과 전략은 달라지겠지만 전사 미팅을 할 때 저는 항상 이런 이야기로 시작하고 이런 이야기로 끝냅니다. 충분히 멋진 이유를 계속해서 상기합니다, 임직원에게. 무엇보다 저를 위해서요.

처음에는 돈을 벌고 싶다는 욕망 하나만 있어도, 좋아요, 창업할 수 있어요. 그런데 지나치게 젊은 나이에 매각이나 인수합병을 통해 어마어마한 부를 쌓은 후에는 무얼 할까요? 아직 살 날이 50년, 아니 70년이나 남았는데.

처음의 동기가 구체적이고 절실했더라도 점점 시야를 넓히고 다른 가치를 찾아야 합니다.

패스트트랙아시아에서 일하는 이유는 다양하겠죠. 제 비전은 임직원이 가능한 한 많이 모였을 때 전달하고 소그룹으로 만나서는 물어봅니다, 왜 그 일을 하고 있냐고. 수치로 된 목표 말고, 언제까지 뭘 하겠다 하는 숙제 같은 목표 말고, 지향점.

창업자 중에도 제 질문에 대답을 못 하시는 분들이 많아요. 백억 벌 거다, 백억 벌어야 내 인생이 바뀐다, 이렇게 말씀들 하세요. 처음에는 그렇게 시작할 수 있어도 성과가 쌓였는데도 계속 그럴 수는 없을 거라고 저는 생각하는데.

성공한 창업자들을 보면 의외로 물욕 없는 분들이 많습니다. 얼마 벌었냐고 여쭤보면 정말로 잘 모르는 분들이 있어요. 돈을 이렇게 노골적으로 우대하는 사회에서 말입니다. 돈을 벌겠다는 것이 창업의 이유가 되기도 하죠. 그런데 실제로 대단한 분들을 만나보면 돈은 부차적으로 따라온 것 아닐까 하는 생각이 들어요.

제가 직원들에게 이번 달에 백억 원 매출을 올려야 해, 그렇게 말하면 백억 원이 절대 안 들어와요. 백억 원은 아무런 디렉션이 못 되는 것 같습니다. 고객을 만족시키기 위해 무슨 콘텐츠를 어떻게 만들 것인가 고민하면서 하다 보면 매출이 백억이 될 수도 있고 천억이 될 수도 있더라고요.

매출은 후행지표예요. 성공한 창업가들이 자산을 정확히 모른다는 건, 그분들에게도 재산이 후행지표이기 때문은 아닐까요.

이번 달에 20억 원 매출을 달성하겠다는 분이 있어요. 어떻게 20억을 만들지? 10억은 이렇게 만들고 5억은 이렇게 만들고 나머지 5억은 이렇게 만들어야지 했지만, 그렇게 일하면 20억 못 만들어요.

요즘은 다 그런 식으로 생각하지 않나요? 1년에
10억 만들기 같은.

저도 그렇게 해봤습니다. 성숙하지 못한 리더는 목
표를 수치로 제시해요. 그런데 그 10억을 어디서 만
들겠어요. 고객 주머니에서 나오는 돈이에요. 고객
을 먼저 만족시켜야 하는 거예요. 그 생각을 해야지,
10억을 생각하면 10억이 안 나와요.

그러다가 어느 시점에 질문을 새로 던지고 계획을
짜게 됐습니다. 이마트에 파는 식품이 대략 1천 개,
그 정도면 원하는 게 다 있어요. 이미 포화된 시장에
서 더 이상 무엇을 팔 것인가 하는 고민을 헬로네이
처와 함께 했습니다.

그 1천 개 중에 사람들이 가장 많이 찾는 제품이 뭘
까? 당근이다, 달걀이다, 수박이다. 그렇다면 우리가

한국 최고의 당근이나 달걀이나 수박을 팔면 되는 거 아냐? 한국 최고의 당근은 어디서 구할까? 한국 최고의 달걀은? 한국 최고의 수박은? 그걸 구해놓고 고객에게 말하는 거예요. 그땐 가격이 중요하지 않아요. 그게 한국 최고의 것이면 사람들이 살 거니까. 그렇게 파고들어간 적이 있습니다.

올해 매출 목표가 백억이고, 이번 달 매출 목표가 7억이네. 한두 번 속아보냐, 어차피 안 될 거. 그거 말고 내가 정말 궁금한 게 있는데 한국에서 가장 맛있는 사과는 뭘까?

이런 식으로 접근했어요. 생각하는 방식이 달라진 거죠. 한국 최고의 사과를 팔아야 이길 수 있다고.

그렇게 하다 보니까 상품 하나하나를 자세히 보게 됐습니다. 맛이 주관적인 것이라고 여겼는데 그게 아니라 우리가 고객에게 떳떳하게 말할 수 있는 기준을 가지고 그것에 맞추어야 한다는 것도 알게 됐고요.

패스트캠퍼스나 패스트파이브에서도 그런 식의
질문을 계속 던졌던 건가요?

패스트캠퍼스에서 기준을 파고들었죠. 캠퍼스엔 최
고의 강사, 아니면 최고의 가성비라는 기준이 있어
야 한다, 이것 외에 또 다른 압도적인 제3의 기준이
있으면 나에게 말해달라. 제가 보기엔 그것 두 가지
말고는 없었어요.

프로그래밍 수업 매출 5억 만들어야 해, 말고, 한국
프로그래머 탑 파이브가 누군지 찾아봐야 해, 라고
생각을 바꿔야 합니다. 이견의 여지 없는 탑 파이브,
이 다섯 명을 강사로 섭외하는 데 얼마나 많은 돈이
들지는 모르겠지만 다섯 명만 섭외할 수만 있다면
이 분야는 우리가 다 먹을 수 있다는 생각.

가성비를 예로 들면, 경쟁사가 열 시간에 10만 원

짜리 강의를 팔고 있다면 우리는 스무 시간 강의를 10만 원에 제공한다, 경쟁사가 인강만 들을 수 있게 하면 우리는 교재까지 준다, 고객에게 구구절절 설명하지 않아도 되는 압도적인 가성비를 만족시켜야 하는 거죠.

이렇게 했을 때 5억을 벌지 10억을 벌지 모르겠지만, 이렇게 하지 않으면 어차피 10억은 못 만든다, 그런 생각이었어요.

사회가 정한 경로를 따라간 친구들, 그러니까 학점 높아서 연봉 높은 회사에 취직해서 일까지 잘하는 바람에 승진한 친구들에게 완벽한 인생을 살았냐고 물어보면 대부분 그렇지 않다고 대답해요. F 학점도 맞아보고 취업에도 실패해보고 승진 누락도 해본 친구들이 더 강해지고 또 다른 길을 모색해보고 더 신나게 사는 경우도 많으니까요.

자기 지도를 그려야 합니다. 그리고 수정해야 합니다. 저는 치대에 가고 싶었지만 못 갔고, 경영 컨설턴트가 되고 싶었지만 못 되었고, 벤처캐피털리스트로 잘나갔지만 창업으로 방향을 틀었고, 창업했더니 다시 예상치 못한 어려움에 직면했어요. 그리고 동료를 얻었고, 제 자신을 알게 됐고, 더 크게 생각하게 되었어요.

지도를 누가 그렸든 반드시 이탈하는 순간이 있습니

다. 처음에는 낙오하는 것 같아서 두려웠지만 정해진 경로대로 살거나 사업하는 경우가 단 한 번도 없다는 것을 알고 나서는 점차 두려움이 사라졌어요.

새로운 길을 개척한 덕분에 다른 사람들이 길을 개척하는 데 이정표가 될 수도 있겠습니다.

제가 누군가의 길을 뒤따라온 게 아니라서, 이정표보다는 하나의 케이스가 될 수 있다고 생각해요. 이렇게 생각해볼 수 있죠. 저는 BTS와 크래프톤의 성공을 보면서 글로벌 스케일의 비전도 상상할 수 있게 되었어요. 예전에는 그 정도로 성공한 케이스가 한국에는 없었기 때문에 감히 우리가 상상도 하지 못했던 것들.

저의 과거 이력을 보고 벤처캐피털리스트를 꿈꾸는 분들을 많이 만났어요. 또 하나 새로운 길이 지도 밖에 있다는 걸 그분들이 알게 되었다면 저는 만족합니다.

그리고 다른 또 하나의 길이 있는데, 바로 컴퍼니빌

더 모델입니다. 이 모델에 대한 수요가 아주 없진 않 았다는 걸 저도 알게 됐어요. 한국에서 저희가 처음 시도했어요. 저만큼이나 달걀을 한 바구니에 담는 것을 걱정하는 분들이 많더군요.

정작 본인은 몰랐지만 지나고 보니 새로 길을 냈군요.

제가 벤처캐피털리스트로서 아주 작은 무대를 만들기는 했다고 생각합니다.

제가 그 일을 시작했을 때는 젊은 분들이 거의 없었어요. 설사 젊은 분들이 주도해서 새롭게 등장하는 사업에 투자했을 때에도 그게 큰 흐름을 만들지는 못했어요. 제가 모바일로 변환하는 시기를 잘 타서 투자금을 회수했던 것이 하나의 변곡점이 된 것 같습니다.

정말 많은 분들이 연초나 연말에 저를 찾아오십니
다. 아이디어가 두세 개 있는데 한 회사에서 시작해
야 할지, 아니면 각각 다른 회사에서 시작해야 할지
등을 물어보세요. 창업자도 있고 투자자도 있습니
다. 그래서 처음에는 저도 시스템을 자세히 설명했
어요. 그런데 지금은 달라요, 제가 이 일을 계속 하
다 보니 이제 할 이야기가 별로 없어요.

하나만 잘해도 성공하기 어렵다고들 하는데 동시에
두세 개 사업을 하면서 그 두세 개가 다 잘되려면
어떻게 해야 할까요? 다른 사람과 내가 실력 면에서
큰 차이가 없다면?

방법은 하나뿐입니다. 다른 사람이 열 시간 일할

때 서른 시간 일해야 합니다. 남과 같은 열 시간을 사용하면서 3분의 1씩 하나의 사업에 신경쓰면 되겠지, 하는 순간, 망합니다. 판돈을 맞춰야죠. 그 판돈이 바로 시간입니다. 일하는 양을 맞춘 다음에야 전략이 있는 거예요.

길을 먼저 낸 사람에게 이렇게 물어볼 수는 있죠, 어느 정도 갔을 때 쉬었고, 어디서 방향을 꺾었고, 어디부터 속도를 냈는지. 하지만 이것도 해보지 않으면 모르는 거잖아요.

저도 몰랐습니다. 모르고 시작한 일입니다. 매뉴얼이 아니라 케이스니까요. 그 케이스에서 자신만의 매뉴얼을 찾아내는 게 능력이라고 생각합니다.

그럼 이렇게 대답해야겠네요. 당신이 그 길을 갈 만한 사람인지 스스로에게 먼저 물어보세요, 라고.

실패의 이유는 비교적 분명하지만 성공의 이유는 제각각이라서 함부로 말씀드릴 순 없어요. 계속 반복되는 말 같지만, 결국은 양입니다. 노정석 대표님의 말을 또 인용해볼게요.

비슷한 종류, 비슷한 규모의 일을 한다면 양이 왕이다. 제아무리 뛰어난 사람이더라도 그 능력 차이는 굉장히 미니멀하다, 결국은 누가 더 많은 시간을 투입하느냐, 누가 일을 더 많이 하느냐로 사업의 승패가 갈린다.

제가 마흔 살 지금부터 컴퍼니빌더 모델로 회사를 세웠다면 절대로 성공하지 못했을 겁니다. 하루에도 열 몇 시간씩 일할 수 있었던 30대 초반에 이 일을 시작했기 때문에 그 모든 것을 감당할 수 있었다고 생각해요. 그러니까, 첫 번째는, 압도적인 양을 채울 수 있는지 스스로에게 물어보셔야 합니다.

두 번째, 동료가 있는지 확인해보세요. 혼자서는 절대 못해요. 그렇다고 해서 역량이 뛰어난 용병팀을 꾸리라는 게 아니라 그냥 원래부터 알고 지내던 인간적으로 신뢰할 수 있는 사람 최소 한 명, 정말 한 명만 있으면 됩니다. 혼자서 하기엔 너무 힘드니까요. 둘이 하면 더 잘할 수 있다가 아니라 둘이 해야 멘탈이 안 망가집니다.

상상하는 능력도 필요할 것 같습니다. 충분히 멋지고 충분히 큰 꿈을 꾸는 능력.

저는 벤처캐피털사에서 일하면서 그런 상상을 하는 게 습관화된 것 같아요. 열 곳에 투자하면 아홉 곳은 망해요, 보통은. 그러나 그 하나가 잘되면 페이스북이 되고 아마존이 되는 거예요. 그러니까 투자 단계에서부터 상상해봐요, 이 눈덩이를 굴리고 굴리면 얼마나 커질까, 그런 세상이 올까? 올 수도 있겠네.

공교롭게도, 탄탄대로를 걸어왔던 분들이 창업하기가 가장 어렵습니다. 좋은 대학에 단번에 입학하고 학점도 매우 높은 분들이 있다고 해보죠, 동기들은 대기업에 가서 높은 초봉으로 시작해서 양복 입고 모임에 나타나는데, 자기는 백만 원도 못 버는 회사로 갑자기 갈 수 있을까요?

그런 길로 직행한다는 것은 엄청난 자신감과 확신이 없고는 불가능해요. 하지만 대학도 겨우 가고, 어쩌면 못 가고, 대학 가서도 겉돌고, 취직도 잘 안 되더라 하는 분들이면, 백만 원 받고 시작해도 잃을 것이 없어요. 제 주위에는 그런 분들이 많습니다.

창업가에는 여러 조건이 있겠죠. 대표님이 생각하는 가장 중요한 요소는 뭔가요? 창업을 꿈꾸고 있는 분들에게 꼭 하시고 싶은 말이 있다면?

동기가 현실적이고 솔직하고 본질적이어야 합니다. 저는 결핍이 있는 사람이 좋아요. 실패 경험만 있는 사람, 회사 한 번 세웠다가 말아먹은 사람만큼 성공에 목마른 사람은 없습니다.

동기가 뭐가 됐든 결핍이 있는 사람은 그것을 오래 유지할 수 있습니다. 결핍이 없는 사람이 고상하기만 한 꿈을 가지고 있다면 평지풍파를 만났을 때 사그라들기 십상입니다.

세상에 똑똑한 사람은 많은데 오래 일할 수 있는 사람은 별로 없습니다. 오래 일할 수 있는 사람이 똑똑한 사람보다 희소합니다.

경력이 아예 없어도 됩니다. 선입견과 편견 때문에 일을 그르치는 경우도 많아요.

마지막으로, 운을 빼놓을 수 없습니다. 하지만 그건 우리가 컨트롤할 수 없어요. 동기와 끈기로, 언젠가 올 그 운을 기다릴 수 있어야 합니다. 오래 잘 버티면 기회는 반드시 찾아와요.

그럼에도 불구하고, 창업할까요? 누가 물어보면 저는 하지 말라고 합니다. 열 번을 물어봐도 열 번 다 하지 말라고 답합니다. 어차피 망할 거니까요. 실제로 90퍼센트가 실패합니다.

그런데, 하지 말라고 말해도 계속하려는 사람이 있습니다. 창업을 한 번도 해보지 않았는데 창업 후에 성공할 거라는 것을 어떻게 알 수 있을까요? 그때는 지표도 없고 경험도 없고 아무것도 없어요. 가능성은 단 하나, 바로 그 사람입니다. 하지 말라고 했는데도 굳이 해야겠다고 하는 겁니다.

창업을 하겠다는데 사람들이 말리면 본인도 생각하겠죠. 하지 말라고 하는 데엔 분명 이유가 있겠지, 다 망할 거라고 말하는데 하지 말까? 그 두려움을 뚫을 때 창업가가 되는 겁니다.

그리고 곧 깨닫게 될 거예요. 내가 좋아해서 만든 것을 나만큼이나 좋아하는 두 번째 사람이 생겼을 때 가장 기쁘다는 것을.

그 기쁨은 몇 년 뒤 엄청나게 많은 돈을 벌어들였을 때보다 더 큽니다. 이런 일은 절대 매일매일 발생하지 않아요. 1년 중에 364일이 힘들고 딱 하루 기뻐요. 열댓 번 시도하면 한 번 나올까 말까 해요. 하지만 이런 기쁨을 한번 느끼면 중독되고 말아요.

창업자들은 외롭고 소수의견을 내는 종족입니다. 모두 반대해요. 실패할 거라고 저주를 내리는 것 같죠. 소수의견을 내면서 다수를 상대로 계속해서 설득해나가야 하는 숙명이, 창업자에게 있습니다.

그런데 이것이 반드시 사업에만 해당하는 이야기일
까요? 저는 그렇게 생각하지 않아요. 자기 인생을
경영할 때 무엇을 생각해야 하는가로 질문을 바꿔
봐도 답은 같습니다.

처음 인터뷰 제안을 받았을 땐 탐탁지 않았다, '영
앤 리치'라니. 내가 그렇게 '영'하지도 '리치'하지도
않다는 생각이 먼저였고, 흔하디흔한 한국의 젊은
부자 부류에 속하고 싶지 않았기 때문이다. 내가 영
앤 리치로 소개되는 순간부터 자만하거나 안주하면
어떡하나 하는 걱정도 있었다. 생각은 바뀌었다, 내
년이 2022년이라는 자각과 함께. 2022년은 패스트
트랙을 세운 지 10년이 되는 해다.

서른 살에 시작했고 마흔이 다가왔다. 내 인생이든
사업이든 중간점검이 필요한 시점이다. 지난 시간을
기록해두고 앞으로의 시간을 준비해야 했다. 철저히
스스로를 복기하고 싶었다.

많은 기억이 되살아났다. 부끄러운 말과 행동, 잘못

된 판단과 결정…. 스스로에게 항상 박하게 구는 사람이기에 지금까지 만들어낸 성과들이 결코 만족스럽진 않다. 하지만 한편으론 바로 그 때문에 더 달릴 수 있다. 나의 에너지와 동기는 결핍에서 기인한다. 내게 결핍이 있다는 사실이 다행스럽다.

너는 어떻게 그렇게 지치지 않고 계속 앞으로만 나아가려고 하는지 모르겠다. 대학교 때 어떤 친구가 내게 했던 말이다. 무조건 빨리 성공하고 싶다는 욕심으로 사명에 '패스트'라는 단어를 넣었다. 그리고 실제로 무척이나 서둘렀다. 지금은 내 마음과 태도가 달라졌다, '패스트'하기 위해 매일 지치지 않고 한 걸음이라도 전진해야 한다는 것으로. 성공에 대한 욕심이 나에 대한 확신으로 바뀌었다. 남보다 빨리 뛸 필요는 없다, 계속 걸을 수만 있다면 된다.

나는 여전히 전진 중이다. 잠시 쉴 수는 있어도 절대 후진하고 싶지 않은, 거리가 1센티미터건 1미터건 1킬로미터건 전진해야만 하는 사람이다. 이 작업을 통해 내가 어떤 사람이 되고 싶은지 깨달았다. 나는 완성되고 싶은 게 아니라 계속 성장하고 싶었던 것이다. 오늘보다 더 나은 내일을 원했던 나를 더 이해할 수 있는 시간이었다.

누군가는 노력도 타고나는 것이라 말하지만, 처음에는 그 노력조차 평생 하고 싶지 않아서 치대 가서 편하게 살고 싶었던 사람이, 실패를 너무나 두려워해서 안정적인 직업부터 탐색했던 사람이 정작 리스크의 끝판왕이라는 사업을 하고 있다. 불확실성이 싫어서 플랜 A부터 Z까지 미리미리 준비해놔야 안심하고 잘 수 있었던 사람이 지금은 그 리스크에 스스로를 내던지고 있다.

과정상의 실패와 결과적인 실패를 구분할 수 있게 되면서 조금씩 용기를 내고, 조금씩 성장하고, 그 과정을 통해 사람들을 발견하고, 또 그들과 함께 부대껴서 결과를 만들어나가는 즐거움을 알게 되었다. 맞다, 나는 과정을 즐기고 있다.

이 책은 특별한 누군가의 성공기가 아니라 평범한 사람의 좌충우돌 성장기다. 누가 보기에 나는 몹시 매끈한 경로를 걸어왔겠지만 실은 그렇지 못했다. 이런 길도 있다는 것을 보여줄 수 있다면, 그래서 혹시라도 나와 비슷한 꿈을 꾸고 있는 이들에게 조금이라도 도움이 될 수 있다면, 이 책은 나의 이야기가 아니라 그들의 이야기를 담은 책이 될 것이다.

이번 출간 과정이 즐거웠던 건 신기주 기자님과 함께 작업했기 때문이다. 그가 던진 질문들을 통해 생각을 정리할 수 있었다. 감사드린다. 아직도 갈 길이 먼 나에게 출간을 제안해주신 김영사에도 감사한 마음을 전한다.

오늘도 전쟁 같은 하루를 보낸 뒤
텅 빈 회의실에서 홀로
박지웅